AF369758

COURS COMPLET D'INSTRUCTION MUSICALE.

TRAITÉ

DES PRINCIPES ÉLÉMENTAIRES ET CONSTITUTIFS

DE

LA MUSIQUE

APPLICABLE A TOUTES LES MÉTHODES D'ENSEIGNEMENT,

ADOPTÉ

PAR LES COLLÉGES LOUIS-LE-GRAND, SAINTE-BARBE, ET LE PENSIONNAT DE D^lle DIRIGÉ PAR MAD. LÉGEC,
POUR SERVIR A L'ÉTUDE DE LA MUSIQUE DANS CES ÉTABLISSEMENTS

Dédié à Mlle de Latour

PAR A. L. BLONDEAU,

Artiste à l'Académie royale de Musique, ancien Pensionnaire de l'Académie de France à Rome,
et Membre de l'Académie des Philharmoniques de Bologne.

OEUVRE 57.   PRIX : 5 Fr. NET.

L'ACADÉMIE DES BEAUX-ARTS DE L'INSTITUT ROYAL DE FRANCE,
DANS SA SÉANCE DU 4 MARS 1837,
A APPROUVÉ LE RAPPORT FAIT AU NOM DE SA SECTION DE MUSIQUE SUR LES MÉRITES DUDIT OUVRAGE.
LES MEMBRES DE LA SECTION DE MUSIQUE ÉTAIENT:
MM. CHÉRUBINI, LESUEUR, BERTON, AUBER, PAER ET HALÉVY.

Certifié conforme:
BERTON, rapporteur.

Paris,

Chez S. Richault, Editeur de Musique,

Boulevard Poissonnière, 16, au premier.

AVIS DE L'ÉDITEUR.

Nous offrons au public l'ouvrage que nous croyons le plus complet, le seul qui ait été commencé et terminé par un seul homme sur l'enseignement musical, pris à son début le plus rigoureusement élémentaire, et conduit par tous ses développements rationnels jusques aux conséquences scientifiques admises par la pratique de nos jours. Nous croyons, devoir prévenir les nombreux amateurs de l'art musical que l'auteur a été autorisé, par l'Académie des Beaux-Arts de l'Institut royal de France (ainsi que par les notabilités distinguées qui ont été à même d'examiner ce laborieux travail), à publier en tête de son ouvrage les deux rapports dont il a été l'objet, ainsi que les opinions particulières qui les ont accompagnées; d'après cela, il nous a paru juste et utile d'en insérer ici une copie exacte, tant pour rassurer la religion des personnes qui hésitent à choisir entre diverses productions écrites sur cette matière, que pour rendre un hommage mérité au zèle éclairé de celui qui a eu le courage de commencer et d'achever cette œuvre de travail et de consciencieuses méditations.

Tous les exemplaires qui ne seront pas revêtus de la signature de l'éditeur seront réputés contrefaits, et le contrefacteur sera poursuivi devant les tribunaux.

Musique imprimée
PAR LES PROCÉDÉS DE TANTENSTEIN ET CORDEL,
30, rue de la Harpe.

Imprimerie MOQUET et HAUQUELIN,
90, rue de la Harpe.

(Copie de la lettre du Ministre de l'Intérieur adressée au Secrétaire de l'Académie
des Beaux-Arts de l'Institut royal de France.)

MINISTÈRE DE L'INTÉRIEUR.
3° DIVISION.
BEAUX-ARTS.

Paris, le 6 décembre 1836.

MONSIEUR LE SECRÉTAIRE PERPÉTUEL,

J'ai l'honneur de vous transmettre, pour être mis sous les yeux de l'Académie des Beaux-Arts, un ouvrage intitulé : COURS COMPLET D'INSTRUCTION MUSICALE, par M. Blondeau, musicien-compositeur, ancien pensionnaire du roi à l'Académie de France à Rome.

Je vous serai obligé, Monsieur le Secrétaire perpétuel, de vouloir bien m'adresser le rapport qui interviendra.

Recevez, Monsieur le Secrétaire perpétuel, l'assurance de ma parfaite considération.

Le Pair de France Ministre de l'intérieur.
Pour le Ministre et par autorisation,
le chef de la 3e division,

CAVE.

A M. le Secrétaire perpétuel de l'Académie des Beaux-Arts.

(Copie du rapport fait à l'Académie des Beaux-Arts de l'Institut royal de France sur les deux
premières parties du COURS COMPLET D'INSTRUCTION MUSICALE, intitulées : TRAITÉ DES
PRINCIPES ÉLÉMENTAIRES DE LA MUSIQUE; TRAITÉ D'HARMONIE.)

INSTITUT DE FRANCE.

ACADÉMIE ROYALE DES BEAUX-ARTS.

Le Secrétaire perpétuel de l'Académie certifie que ce qui suit est extrait du procès-verbal de la séance du samedi 4 mars 1837.

Rapport sur les deux premières parties d'un ouvrage de M. Blondeau, intitulé : COURS COMPLET D'INSTRUCTION MUSICALE (Traité des Principes élémentaires de la Musique; Traité d'Harmonie), par MM. les membres de la section de musique.

MESSIEURS,

M. le Ministre de l'Intérieur, par sa lettre du 6 décembre dernier, vous a invité à faire examiner l'ouvrage de M. Blondeau, intitulé : COURS COMPLET D'INSTRUCTION MUSICALE. Vous avez chargé votre section de musique de prendre ce soin; elle s'est empressée de se rendre à votre désir, et, après un examen sévère des deux premières parties de cette œuvre, elle est restée convaincue qu'elle était, dans toutes ses dispositions, digne d'être citée avec éloge. En effet, cet ouvrage de M. Blondeau a, selon nous, le premier des mérites, la clarté; car il sait avec art passer du connu à l'inconnu, et toujours avec simplicité, quoiqu'en termes choisis; le précepte y est toujours accompagné de l'exemple; enfin rien de ce qu'il faut connaître et apprendre pour devenir bon musicien et bon harmoniste n'est omis dans ces deux traités, et toujours à la portée de l'intelligence des plus jeunes élèves. M. Blondeau, qui déjà a eu l'insigne honneur de recevoir de l'Académie la palme de compositeur, ambitionne aujourd'hui une nouvelle faveur, celle de voir son travail de professeur recevoir l'approbation de ses pairs.

Nous pensons donc, Messieurs, qu'il serait juste envers l'un de vos enfants, et utile pour les études de l'art musical d'accorder votre honorable sanction aux conclusions de notre rapport.

Signé à la minute : Cherubini, Paër, Halévy, Auber et Berton, rapporteur.

L'Académie adopte les conclusions de ce rapport.

Certifié conforme :

le Secrétaire perpétuel,

QUATREMÈRE DE QUINCY.

(Copie du rapport fait à l'Académie des Beaux-Arts de l'Institut royal de France sur la troisième et dernière partie du Cours complet d'Instruction musicale, intitulé : Traité de Composition.)

INSTITUT DE FRANCE.

ACADÉMIE ROYALE DES BEAUX-ARTS.

Le Secrétaire perpétuel de l'Académie certifie que ce qui suit est extrait du procès-verbal de la séance du samedi 3 mars 1838.

Rapport sur le troisième et dernier volume du Cours complet d'Instruction musicale de M. Blondeau (Traité de Composition musicale).

Messieurs,

Vous avez déjà donné votre approbation aux deux premières parties du Cours complet d'Instruction musicale de M. Blondeau ; le troisième et dernier livre vous a été adressé par M. le Ministre de l'intérieur (ainsi que les deux précédents) avec invitation de l'examiner ; vous avez chargé votre section de musique de cet examen ; elle vient donc aujourd'hui vous communiquer le rapport qu'elle a fait sur cet objet.

M. Blondeau a eu l'honneur d'obtenir la palme du grand prix musical. Élève de Méhul, on retrouve dans tout l'ouvrage la pureté des principes de ce grand et docte maître. Le premier volume est intitulé : Traité des Principes élémentaires de la Musique ; le second : Traité d'Harmonie, et le troisième : Traité de Composition musicale en cinq sections, savoir : du contrepoint simple à deux, trois, quatre et cinq parties ; des cinq espèces sur le plain-chant ; des imitations à tous les intervalles en dessus et en dessous ; du contrepoint double à l'octave ; du contrepoint triple ; du contrepoint quadruple ; du contrepoint à la dixième ; du contrepoint à la douzième ; des canons terminés, perpétuels, en écrevisses ou rétrogrades ; et enfin de la fugue en général à deux, trois, quatre, cinq, six, sept et huit parties. Ce troisième volume est suivi d'un ouvrage littéraire en quatre parties, intitulé : Nouvelle Méthode de Chant, suivie de, etc.

Nous avons déjà dit que vous aviez donné votre approbation aux deux premiers volumes de l'ouvrage de M. Blondeau ; le troisième n'étant qu'une conséquence des principes émis dans les deux premiers, et mis en pratique avec habileté et surtout lucidité, première condition, selon nous, de toute œuvre didactique, nous avons pensé que ce serait une chose juste et utile à l'art, en raison du grand avantage que présente l'unité constante de principes et d'enseignement du commencement à la fin de l'ouvrage, que de vous proposer d'accorder votre honorable approbation à notre rapport.

Signé à la minute : Cherubini, Paër, Halévy, Caraffa, Berton, rapporteur.

L'Académie adopte les conclusions de ce rapport.

Certifié conforme :

Le Secrétaire perpétuel,

QUATREMÈRE DE QUINCY.

(M. Lesueur, chevalier de la Legion-d'Honneur, membre de l'Institut, etc. à M. Blondeau, compositeur.)

Paris, ce 25 novembre 1836.

MON CHER MONSIEUR BLONDEAU,

J'ai lu avec le plus vif intérêt la première partie de votre grand ouvrage : le TRAITÉ DES PRINCIPES ÉLÉMENTAIRES de votre COURS COMPLET D'INSTRUCTION MUSICALE ; je l'ai trouvé parfaitement clair : il sera, j'en suis certain, très utile aux élèves. Vos tableaux m'ont paru neufs et ingénieux. Je vous en fais mon compliment bien sincère.

Je joins à cette lettre vos manuscrits, et vous engage à les publier le plutôt possible ; je ne crains pas non plus de vous en augurer le succès.

Je suis, mon cher Monsieur Blondeau, avec l'attachement que vous me connaissez,

Votre tout dévoué,

LESUEUR,

Membre de l'Institut.

(M. Jules Pierrot, chevalier et officier de la Legion-d'Honneur, Proviseur du collége Louis-le-Grand, à M. Blondeau, compositeur.)

Paris, le 14 mars 1837.

MONSIEUR,

J'ai parcouru le manuscrit sur la théorie de la musique (TRAITÉ DES PRINCIPES ÉLÉMENTAIRES DE MUSIQUE) que vous avez bien voulu laisser entre mes mains.

Je ne suis pas assez habile musicien pour porter un jugement sur un ouvrage de ce genre ; mais il m'a paru que les principes étaient exposés avec clarté, et que ce traité pourrait être fort utile à ceux de nos élèves qui cultivent la musique, soit vocale, soit instrumentale.

Je contribuerai donc bien volontiers à en introduire l'usage au collége.

Je suis, etc.

Le Proviseur,

J. PIERROT.

(M. Labroust, Proviseur du collège Sainte-Barbe, à M. Blondeau, compositeur.)

Rue de Reims, à Paris.   Paris, 30 octobre 1841.

MONSIEUR,

Je ne puis que vous engager à publier votre TRAITÉ ÉLÉMENTAIRE DE MUSIQUE. Je suis tout-à-fait incompétent pour juger et recommander un pareil ouvrage; mais je sais que l'opinion des personnes de l'art lui est très favorable, et j'en autoriserai volontiers l'usage dans notre maison, où vous êtes déjà connu par vos excellentes leçons.

Je vous prie d'agréer, Monsieur, l'assurance de mes sentiments de haute considération.

A. LABROUST,
Directeur.

(Opinion de M. Habeneck, chevalier de la Légion d'Honneur, directeur de l'orchestre de l'Académie royale de Musique, etc., sur le TRAITÉ DES PRINCIPES ÉLÉMENTAIRES DE LA MUSIQUE (première partie du Cours complet d'Instruction musicale) de M. Blondeau, compositeur.)

Paris, le 29 mars 1837.

MONSIEUR,

L'ouvrage de M. Blondeau me paraît réunir les qualités et tous les documents nécessaires pour servir de base à l'éducation musicale; c'est donc avec une vive satisfaction que je joins mon approbation à celle de Messieurs les membres de l'Institut.

F. HABENECK.

(Mme A. Léger, maîtresse d'Institution de jeunes demoiselles, quai d'Anjou, 29 (île Saint-Louis), à M. Blondeau, compositeur.)

Paris, 4 novembre 1841.

MONSIEUR,

J'ai lu avec une attention particulière le manuscrit de votre TRAITÉ DES PRINCIPES ÉLÉMENTAIRES DE MUSIQUE, ainsi que les honorables témoignages d'approbation dont il est revêtu; je crois cet ouvrage d'une utilité incontestable pour les personnes qui ont le désir d'étudier l'art musical, et je m'empresse de vous engager à le publier le plus promptement possible. J'en recommanderai l'usage aux jeunes personnes dont l'éducation est confiée à mes soins, et je crois qu'elles en retireront une instruction aussi solide que simple, aussi complète que certaine.

Recevez cette assurance, Monsieur, ainsi que l'expression de la considération distinguée avec laquelle j'ai l'honneur de vous saluer.

A. LÉGER,
Maîtresse d'Institution.

PRINCIPES ÉLÉMENTAIRES DE MUSIQUE.

DISCOURS PRÉLIMINAIRE.

Quelque soit le but qu'on se propose lorsque l'on commence l'étude de la musique, il est essentiel d'en bien connaître les principes.

Pour cette science, comme pour toutes les autres, cette connaissance est indispensable si l'on veut y faire des progrès certains et solides; mais je crois pouvoir dire qu'elle est assez rare et incomplète : cela peut dépendre de quelques causes diverses que je signalerai plus loin. Ces causes m'ont déterminé à m'occuper de ce petit travail qui ne sera peut-être pas inutile.

Mon dessein n'est pas de porter atteinte au mérite réel et reconnu des ouvrages élémentaires qui ont été publiés sur cette matière, et que je suis loin de révoquer en doute; mais mon désir, le but de mon travail a été de placer à la portée de tous les principes d'un art aussi généralement cultivé que goûté aujourd'hui, avec une classification que je crois mieux déduite, et quelques explications omises jusqu'à ce jour et pourtant nécessaires.

La musique est l'art de combiner les sons produits par les différents caractères de voix, ou par les instruments qui tendent tous, et réussissent plus ou moins, à se rapprocher par l'imitation de l'organe humain.

La partie instrumentale particulièrement est fort longue et très difficile à apprendre ; il serait à souhaiter que toutes les personnes qui prétendent s'engager dans cette carrière passassent une année au moins à solfier, à apprendre les principes, afin de se rendre musiciennes d'abord, et de pouvoir ensuite se livrer sans entraves aux études du mécanisme manuel.

Malheureusement cette condition d'une bonne éducation musicale, que je considère comme obligatoire, n'est à-peu-près remplie que par les personnes qui sont destinées à faire de la musique leur profession exclusive. Celles au contraire qui n'en font qu'un objet d'agrément ne s'astreignent qu'avec répugnance à des études qui ne présentent à leur impatience que des résultats tardifs dont ils calculent difficilement toute l'importance : souvent même, à peine entrées dans la carrière, elles y renoncent par découragement.

Parmi les jeunes enfants que l'on se propose de faire instruire dans cet art, il en est un grand nombre dont la voix n'est point encore formée ; d'autres l'ont fausse, d'autres encore n'ont point d'organe chantant. Pour ceux de ces deux dernières catégories, aucune intonation musicale n'est saisissable, et cela est très fâcheux ; mais comme cela n'empêche pas d'être doué d'un mécanisme souple, agile, susceptible de grands développements, et de jouer conséquemment très bien du piano, par exemple, ils ne doivent pas moins connaître parfaitement les principes élémentaires de l'art. Mais ces principes, ils ne peuvent se les procurer qu'au moyen des solféges ; ces recueils volumineux sont peut-être incomplets, d'un prix élevé, et par les dispositions individuelles dont j'ai parlé plus haut, ils ne peuvent être que d'une très minime utilité pour eux.

Toutes ces raisons m'ont encouragé et m'ont déterminé à tenter de réunir, dans un cadre serré, tous les principes indispensables de la musique, surtout ceux qui m'ont paru manquer ailleurs, et à les classer dans un ordre que je crois plus conforme à la raison.

J'ai conservé la forme par demande et par réponse comme plus propre, selon moi, à préciser l'une et l'autre, à les renfermer dans un tour plus concis, plus facile à comprendre et à retenir.

Dans cette circonstance, ma pensée première a été le désir d'être utile à mes élèves du collége royal de Louis-le-Grand, du collége de Ste-Barbe, ainsi que de l'excellente institution de jeunes demoiselles, tenue par Mme A. Léger (Ile Saint-Louis, quai d'Anjou, n° 29,) qui s'appliquent à l'étude de la musique, ou qui auraient ultérieurement l'intention de s'y livrer.

Si mon travail est approuvé, j'oserai concevoir l'espoir de le voir adopté pour servir de base à l'enseignement dans ce bel établissement auquel j'ai l'honneur d'appartenir, et peut-être, par suite, recevoir une application plus étendue encore.

Rendre service en donnant quelque facilité nouvelle à ceux qui s'occupent d'étudier l'art musical est le but que je me suis proposé ; si j'ai réussi à l'atteindre, ce sera ma récompense, la seule à laquelle je croie pouvoir raisonnablement prétendre.

TRAITÉ

DES

PRINCIPES ÉLÉMENTAIRES DE MUSIQUE.

CHAPITRE Ier.

Des Notes, de la Portée, des Clefs.

DEMANDE. De quoi se compose la musique?

RÉPONSE. De sons.

D. Comment les représente-t-on?

R. Par des figures qu'on appèle *notes.*

D. Combien y-a-t-il de notes?

R. Sept que l'on nomme : *ut* (1), *ré*, *mi*, *fa*, *sol*, *la*, *si.* (*)

D. Comment nomme-t-on l'assemblage de lignes sur lequel on pose les notes?

R. Il se nomme *portée.*

D. De combien de lignes chaque portée est-elle composée?

R. De cinq lignes horizontales et parallèles dont la réunion forme conséquemment quatre interlignes. Les notes se posent alternativement sur les lignes et dans les interlignes.

D. Comment compte-t-on les lignes et les interlignes des portées?

R. Du bas en haut.

lignes.   interlignes.

On peut encore, suivant le besoin, ajouter à ces cinq lignes des lignes additionnelles au-dessous et au-dessus de la portée, pour écrire les notes graves et aiguës; mais alors, au lieu de prolonger ces lignes d'une extrémité à l'autre de la portée, on se borne à les tracer pour les notes seules que l'on veut indiquer.

D. Qu'appelle-t-on *clef*, en musique?

R. Un signe particulier que l'on place en tête de chaque portée, tantôt sur une ligne, tantôt sur une autre, pour donner et déterminer le nom des notes.

(*) Clef de *sol* seconde ligne.

On met deux points à la clef de *fa* pour désigner visiblement la ligne sur laquelle elle est placée; je crois qu'il serait bien d'en faire autant pour toutes les autres, et j'en propose l'exemple.

D. Combien y a-t-il de clefs?

R. Trois, qui sont : la clef de *sol* 𝄞, la clef d'*ut* 𝄡, et la clef de *fa* 𝄢.

D. Sur quelles lignes se pose la clef de *sol?*

R. Sur la première et sur la seconde ligne; mais la clef de *sol* sur la seconde ligne est la seule usitée maintenant.

D. Sur quelles lignes se pose la clef d'*ut?*

R. Sur la première, la seconde, la troisième et la quatrième ligne; mais la clef d'*ut* sur la seconde ligne n'est plus usitée.

D. Sur quelles lignes se pose la clef de *fa?*

R. Sur la troisième et la quatrième ligne; la clef de *fa* sur la quatrième ligne est la seule employée maintenant (*).

D. Les notes écrites sur les portées n'ont donc pas de nom qui leur soit propre d'une manière absolue et permanente?

R. Non. Leur dénomination varie suivant la clef pour laquelle on écrit. La note placée sur la même ligne que cette clef prend son nom, et sert ainsi à déterminer le nom des autres notes en montant ou en descendant.

D. Donnez-un exemple à l'appui de cette explication?

R. En supposant la clef de *sol* seconde ligne en tête de la portée, la note posée sur cette même seconde ligne se nomme *sol*, la note immédiatement au-dessus *la*, la suivante *si*, et ainsi des autres en dessus et en dessous.

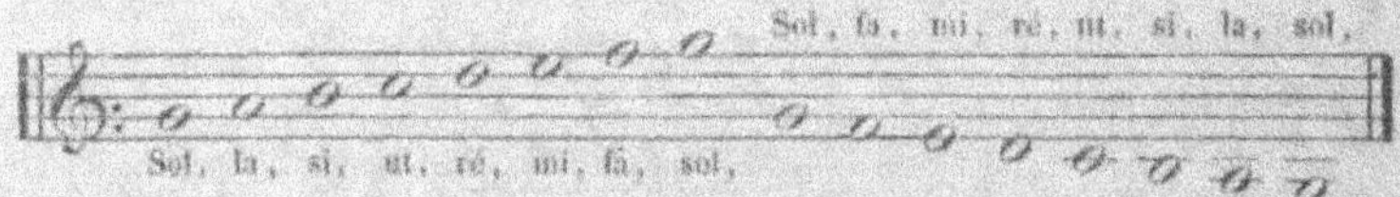

Tableau de toutes les clefs, de leur position, et du point de réunion où elles se trouvent toutes à l'unisson l'une de l'autre.

(*) Il reste donc en pratique cinq clefs : la clef de *sol* sur la seconde ligne, la clef d'*ut* sur les première, troisième et quatrième ligne, et la clef de *fa* quatrième ligne. Toutefois, comme il existe d'anciennes musiques écrites sur les clefs dont on ne se sert plus, et que chaque fois que l'on transpose un morceau à l'improviste on est exposé à s'en servir, il est absolument nécessaire de les bien connaître.

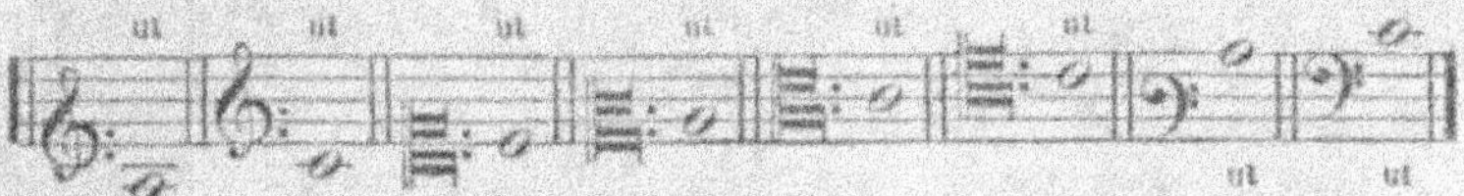

D. De quelle utilité est-il d'avoir plusieurs clefs?

R. Leur emploi est indispensable pour classer les voix et les instruments en graves, médiums et aigus.

D. Indiquez l'emploi le plus ordinaire de chaque clef?

R. La clef de *sol* sur la seconde ligne est la première que l'on apprenne ; c'est celle des premiers solféges pour toutes les voix, et de tous les instruments aigus.

D. Quel est l'usage des clefs d'*ut?*

R. La clef d'*ut* sur la première ligne est celle de *dessus* (nom français) ou *soprano* (nom italien). C'est la clef des voix de femme. La clef d'*ut* sur la troisième ligne est celle de *haute-contre* (nom français), ou d'*alto* (nom italien). C'est la clef des voix aiguës d'homme.

La clef d'*ut* sur la quatrième ligne est celle de *taille* (nom français), ou de *tenore* (nom italien). C'est la clef des voix d'homme du médium, entre la haute-contre et la basse.

D. Quel est l'usage de la clef de *fa.*

R. La clef de *fa* sur la quatrième ligne est celle de *basse* (nom français), ou de *basso* (nom italien). C'est la clef des voix graves d'homme, de la basse et de tous les instruments graves (3).

Le tableau ci-après représente l'échelle entière de tous les sons produits par les divers instruments, depuis l'extrême grave jusqu'à l'extrême aigu (*).

(*) Cette échelle se trouve comprise en entier dans le clavier du piano qui a maintenant six octaves, il y en a même déjà quelques-uns qui en ont sept. On doit, dès à présent, compter 46 sons dans le domaine diatonique de la musique, bien que je n'en offre ici que 43, ce qui, au moyen des dièses ou des bémols, porterait le nombre des sons produits par les demi-tons à 78,

CHAPITRE II.

De la valeur des Notes.

D. Qu'entend-on par *valeur* d'une note?

R. La durée pendant laquelle le son doit être prolongé, relativement aux autres notes. La valeur des notes est indiquée par la forme particulière qu'on leur donne.

D. Combien y a-t-il de *valeurs* différentes de notes?

R. Sept, qui sont : la ronde ○, la blanche ○, la noire ♩, la croche ♪, la double-croche ♪, la triple-croche ♪, et la quadruple-croche ♪ (**).

D. Que vaut une ronde?

R. Une ronde vaut deux blanches, ou quatre noires, ou huit croches, ou seize doubles-croches, ou trente-deux triples-croches, ou soixante-quatre quadruples-croches (3).

(*) Il n'est pas inutile de faire remarquer que l'échelle diatonique ci-dessus, cette succession de sons naturels par tons et demi-tons sans aucun signe d'altération, formant six octaves consécutives en montant ou en descendant, a reçu, par l'extension donnée à certains pianos, un accroissement qui porte le nombre des sons à quarante-six, ce qui peut produire ainsi jusqu'à soixante-dix-huit demi-tons, dans l'échelle ascendante comme dans l'échelle descendante, soit par dièses, soit par bémols. On trouvera sur ce point de plus amples détails dans mon TRAITÉ D'HARMONIE qui suit immédiatement et nécessairement celui-ci.

(**) Il y en a une huitième ▤ que l'on nomme *note carrée*, ou *maxime*, et qui vaut deux rondes, mais cette valeur ne s'emploie que dans la musique d'église.

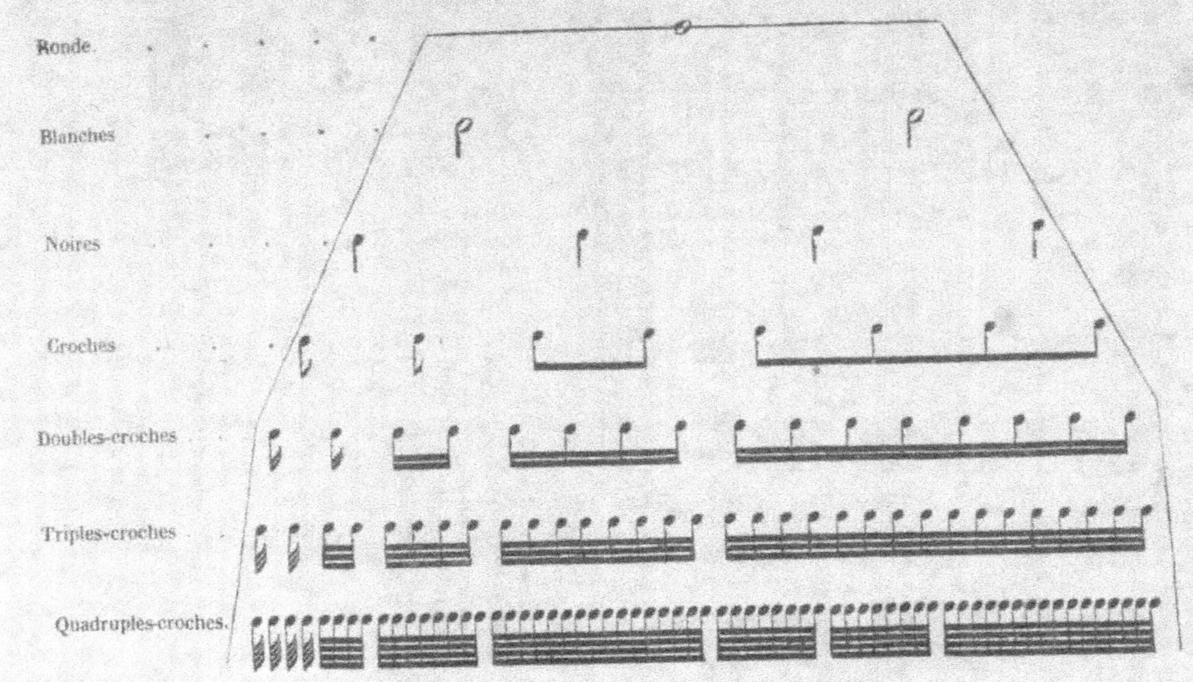

Ronde.
Blanches
Noires
Croches
Doubles-croches
Triples-croches
Quadruples-croches.

D. Que vaut une blanche?

R. Une blanche vaut deux noires, ou quatre croches, ou huit doubles-croches, ou seize triples-croches, ou trente-deux quadruples-croches.

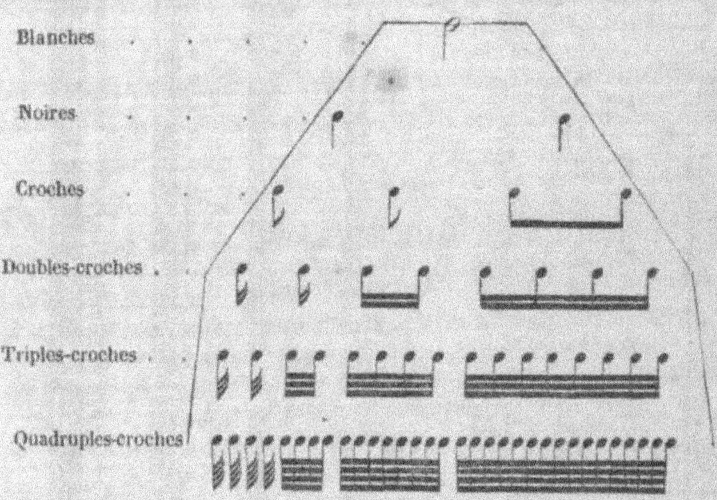

D. Que vaut une noire?

R. Une noire vaut deux croches, ou quatre doubles croches, ou huit triples-croches, ou seize quadruples-croches.

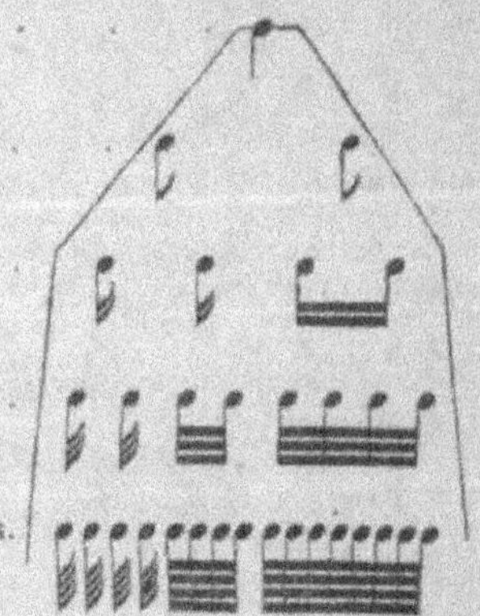

D. Que vaut une croche ?
R. Une croche vaut deux doubles-croches, ou quatre triples-croches, ou huit
quadruples-croches.

Croche. . . . .

Doubles-croches . . .

Triples-croches. . . .

Quadruples-croches .

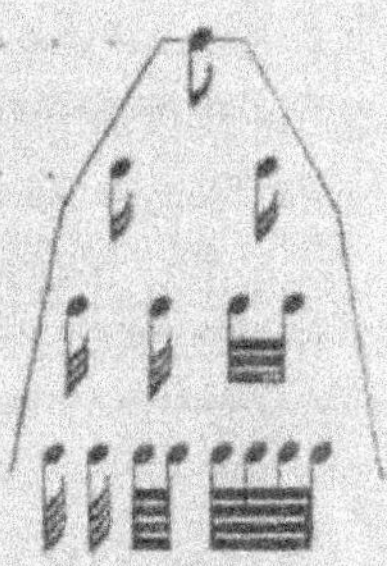

D. Que vaut une double-croche ?
R. Une double-croche vaut deux triples-
croches, ou quatre quadruples-croches.

Double-croche . . . .

Triples-croches . . .

Quadruples-croches .

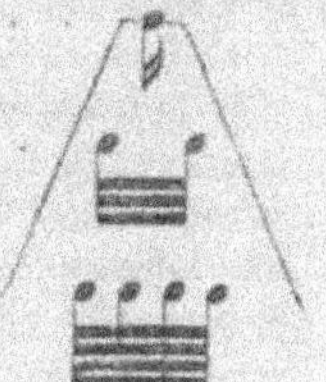

D. Que vaut une triple-croche ?
R. Une triple-croche vaut deux quadruples-croches.

Triple-croche . . . . .

Quadruples-croches . . .

CHAPITRE III.

Des Signes représentatifs de la valeur des Notes.

D. Comment peut-on suppléer à l'absence des notes.
R. Par des signes qui en représentent la valeur.
D. Quels sont ces signes ?
R. Il y en a de trois sortes : les points, les double-points et les silences.
D. A quoi sert le point après une note quelconque ?
R. Il augmente cette note de la moitié de sa valeur.
D. Le point peut-il être aussi placé après un silence ?
R. Sans doute, et il augmente de moitié la durée du silence.
D. Que vaut le point placé après une ronde 𝅗𝅥 . ?
R. Une blanche. Ainsi une ronde pointée vaut trois blanches 𝅗𝅥 𝅗𝅥 𝅗𝅥.
D. Que vaut le point après une blanche 𝅗𝅥 . ?
R. Une noire. Ainsi une blanche pointée vaut trois noires ♩ ♩ ♩.

D. Que vaut le point après une noire ♩ . ?

R. Une croche. Ainsi une noire pointée vaut trois croches ♪ ♪ ♪.

D. Que vaut le point après une croche ♪ . ?

R. Une double-croche. Ainsi une croche pointée vaut trois doubles-croches ♪ ♪ ♪.

D. Que vaut le point après une double-croche ♪ . ?

R. Une triple croche. Ainsi une double-croche pointée vaut 3 triples-croches ♪ ♪ ♪.

D. Que vaut le point après une triple-croche ♪ . .

R. Une quadruple-croche. Ainsi une triple-croche pointée vaut trois quadruples-croches ♪ ♪ ♪.

D. Quel est l'effet du double-point ?

R. Le premier point augmente la note de la moitié de sa valeur, comme cela vient d'être expliqué ; le second point augmente à son tour le premier point de la moitié de sa valeur. Ainsi le double-point placé après une ronde lui donne la valeur d'une ronde, une blanche et une noire ; après une blanche il lui donne la valeur d'une blanche, une noire et une croche ; après une noire il lui donne la valeur d'une noire, une croche et une double-croche, etc. L'effet du double-point après les différents silences est exactement le même.

D. Combien y a-t-il de silences ? (*)

R. Autant que de valeurs de notes.

D. Comment nomme-t-on le signe ou silence représentant la valeur d'une ronde ou d'une mesure ?

R. Une pause.

D. Comment nomme-t-on le silence d'une blanche ou d'une demi-mesure ?

R. Une demi-pause.

D. Comment nomme-t-on le silence d'une noire ou d'un quart de mesure ?

R. Un soupir.

D. Comment nomme-t-on le silence d'une croche ?

R. Un demi-soupir.

D. Comment nomme-t-on le silence d'une double-croche ?

R. Un quart de soupir.

D. Comment nomme-t-on le silence d'une triple-croche ?

R. Un demi-quart de soupir.

D. Comment nomme-t-on le silence d'une quadruple-croche ?

R. Un seizième de soupir.

D. Comment marque-t-on en abrégé un repos, ou un silence de deux mesures ?

R. Par un seul signe que l'on nomme bâton de deux pauses.

D. Comment marque-t-on un repos de quatre mesures ?

R. Par un seul signe que l'on nomme bâton de quatre pauses.

(*) Les temps comptés en silence doivent être parfaitement égaux en valeur, en durée, aux notes qu'ils représentent.

D. Comment peut-on marquer également en abrégé le silence d'un plus grand nombre de mesures quel qu'il soit?

R. En répétant autant de fois que cela est nécessaire le bâton de quatre pauses, lequel, joint au bâton de deux pauses, à la pause et à ses fractions, peut arriver à tous les nombres.

D. Qu'entendez-vous par la *mesure*?

R. La mesure, en musique, ne comprend que la durée; c'est la division par parties égales d'une portion déterminée de temps positif, comme par exemple : dix secondes en deux parties, quinze secondes en trois, vingt secondes en quatre. Les nombreuses nuances du mouvement peuvent accélérer ou ralentir la mesure, mais elles ne peuvent en aucune manière influer sur la régularité de sa division.

Tableau des signes représentant les valeurs.

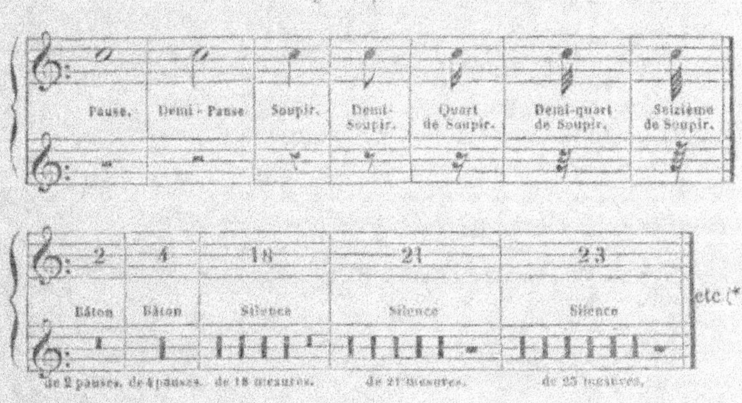

CHAPITRE IV.

Des Mesures simples et composées.

D. Qu'est-ce que la mesure?

R. Je l'ai dit; c'est la division, en portions égales, d'un certain temps donné. Il faut que chaque portion soit assez longue pour que l'oreille ait la possibilité d'en saisir et subdiviser la valeur, et assez courte pour que l'idée de l'une ne s'efface pas avant le retour de l'autre; sans cela, il n'y aurait pas moyen d'en établir l'égalité.

D. A quoi sert la mesure?

R. A régler les mouvements de la musique et à donner à chaque note la durée relative qu'elle doit avoir.

D. Quel nom donne-t-on aux divisions de la mesure?

(*) Quelquefois on se borne à tirer un double trait et à mettre au dessus le chiffre du nombre de mesures à compter en silence, ainsi qu'il suit : 26 33 40.

R. On les appelle *temps*. On les marque par des mouvements égaux de la main ou du pied.

D. Combien y a-t-il de mesures usitées?

R. Trois. La mesure à deux temps, la mesure à trois temps, et la mesure à quatre temps; c'est-à-dire: à deux divisions, à trois, ou à quatre.

D. Comment se marque la mesure à deux temps?

R. Par un deux $\mathbf{2}$, ou par un deux avec un quatre dessous $\frac{2}{4}$, ou par un C barré $\mathbb{C}$.

D. Comment se bat-elle?

R. Le premier temps en frappant, et le second en levant.

D. Comment se marque la mesure à trois temps?

R. Par un trois $\mathbf{3}$, ou par un trois avec un quatre dessous $\frac{3}{4}$.

D. Comment se bat-elle?

R. Le premier temps en frappant, le second en dehors, et le troisième en levant.

D. Comment se marque la mesure à quatre temps?

R. Par un C C ou par un quatre 4 ($\frac{4}{4}$).

D. Comment se bat-elle?

R. Le premier temps en frappant, le second en dedans, le troisième en dehors, et le quatrième en levant.

D. N'y a-t-il pas des mesures qu'on appelle composées?

R. Oui; il y en a trois principales, qui sont: la mesure à six-huit (pour la mesure à deux temps), la mesure à trois-huit (pour la mesure à trois temps), et la mesure à douze-huit (pour la mesure à quatre temps).

D. Comment se marque la mesure à six-huit?

R. Par un six avec un huit dessous $\frac{6}{8}$.

D. Comment se bat-elle?

R. Comme la mesure à deux temps.

D. Comment se marque la mesure à trois-huit?

R. Par un trois avec un huit dessous $\frac{3}{8}$.

D. Comment se bat-elle?

R. Comme la mesure à trois temps.

D. Comment se marque la mesure à douze-huit?

R. Par le chiffre douze avec un huit dessous $\frac{12}{8}$.

D. Comment se bat-elle?

R. Comme la mesure à quatre temps (*).

D. Que signifient les deux chiffres qui indiquent ces diverses mesures?

R. Le chiffre supérieur indique la quantité de notes d'égale valeur dont se compose la mesure; le chiffre inférieur détermine les fractions de ronde que chacune de ces notes représente.

D. Appliquez des exemples à cette définition?

R. La mesure à deux temps marquée par $\frac{2}{4}$ indique que cette mesure est remplie par *deux quarts* de ronde, c'est-à-dire par deux noires, ou par une blanche et ses divisions.

(*) Il y a encore la mesure à trois-deux $\frac{3}{2}$, la mesure à neuf-quatre $\frac{9}{4}$, la mesure à neuf-huit $\frac{9}{8}$; mais ce ne sont que des variétés, peu usitées d'ailleurs, de la mesure à trois temps.

La mesure à trois temps marquée par $\frac{3}{4}$ indique que cette mesure est remplie par *trois quarts* de ronde, c'est-à-dire par trois noires, ou par une blanche pointée et ses divisions.

La mesure à deux temps marquée par $\frac{6}{8}$ indique que cette mesure est remplie par *six huitièmes* de ronde, c'est-à-dire par six croches (qu'on nomme *trois pour-deux*, ou *triolets*), ou par deux noires pointées, ou par une blanche pointée et ses divisions.

La mesure à trois temps marquée par $\frac{3}{8}$ indique que cette mesure est remplie par *trois huitièmes* de ronde, c'est-à-dire par trois croches, ou une noire pointée et ses divisions.

La mesure à quatre temps marquée par $\frac{12}{8}$ indique que cette mesure est remplie par *douze huitièmes* de ronde, c'est-à-dire par douze croches, ou quatre noires pointées, ou deux blanches pointées, ou une ronde pointée et ses divisions (*).

D. N'y a-t-il pas une distinction à établir entre tous les temps d'une même mesure ?

R. Oui. Ils se distinguent en temps fort, en temps moyen, et en temps faible.

D. Quel est le temps fort, le temps moyen, et le temps faible de chaque mesure ?

R. Le premier temps, le temps frappé, est toujours le temps fort ; dans la mesure à deux temps, le temps levé est le temps faible. Dans la mesure à trois temps, le temps frappé est le temps fort, le temps en dehors est le temps moyen, le temps levé est le temps faible. Dans la mesure à quatre temps, le temps frappé est le temps fort, le temps en dedans est le temps faible, le temps en dehors est le temps moyen, le temps levé est le temps faible (**).

CHAPITRE V.

De la Gamme naturelle et des Signes qui altèrent l'intonation des notes.

D. Qu'est-ce que la gamme naturelle ?

R. C'est la dénomination successive des sept notes *ut*, *ré*, *mi*, *fa*, *sol*, *la*, *si*, auxquelles on joint l'*ut* aigu pour la compléter.

Ces huit notes forment ce qu'on appelle une *octave*.

D. L'intervalle d'intonation qui existe entre ces huit notes est-il toujours le même ?

R. Non. Il est tantôt d'un ton (5), tantôt de la moitié d'un ton, ou d'un demi-ton.

(*) Pour les mesures à $\frac{3}{2}$, $\frac{9}{4}$, $\frac{9}{8}$, cela veut dire *trois deuxièmes* (trois moitiés) de ronde, ou trois blanches, ou une ronde pointée et ses divisions ; *neuf quarts* de ronde, ou neuf noires ; *neuf huitièmes* de ronde, ou neuf croches.

(**) Tableau des mesures simples et des mesures composées.

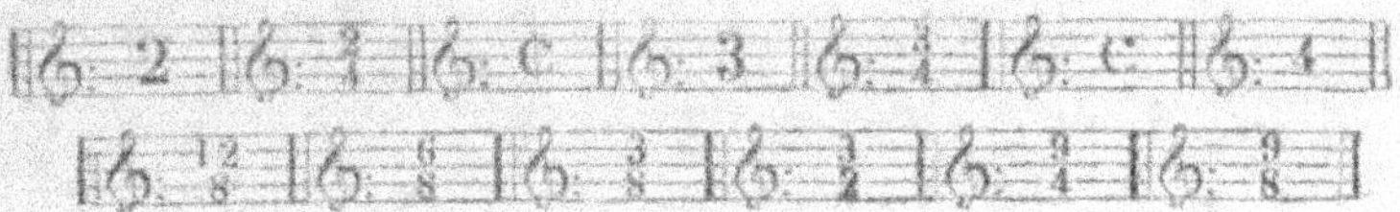

D. Comment se trouvent répartis, dans la gamme naturelle, ces tons et ces demi-tons?

R. De l'*ut* au *ré*, il y a un ton; du *ré* au *mi*, un ton; du *mi* au *fa*, un demi ton; du *fa* au *sol*, un ton; du *sol* au *la*, un ton; du *la* au *si*, un ton; du *si* à l'*ut*, un demi-ton; en tout, cinq tons et deux demi-tons. Exemple :

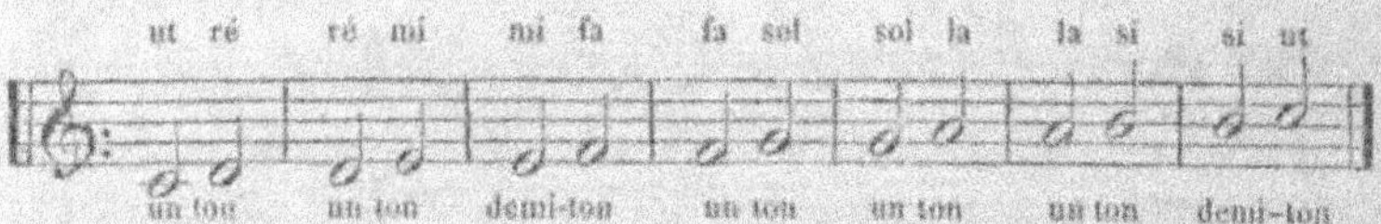

D. Cet intervalle d'une note à la note qui suit, tantôt d'un ton, tantôt d'un demi-ton, établit nécessairement entre toutes les notes de la gamme naturelle des rapports d'intonation; ces rapports sont-ils invariablement respectés?

R. Non. Il arrive souvent, dans l'exécution, que l'intonation d'une note est, selon le cas, augmentée ou diminuée, c'est-à-dire haussée ou baissée.

D. Par quel moyen opère-t-on ces altérations?

R. A l'aide de signes particuliers que l'on place devant la note pour indiquer que son intonation naturelle doit-être haussée ou baissée d'un demi-ton.

D. Quels sont ces signes?

R. Il y en a trois : le dièse ♯, le bémol ♭, et le bécarre ♮.

D. A quoi sert le dièse ♯?

R. Il sert à hausser la note d'un demi-ton.

D. A quoi sert le bémol ♭?

R. A baisser la note d'un demi-ton.

D. A quoi sert le bécarre ♮ ?

R. A rétablir dans son intonation naturelle la note altérée par un dièse ou par un bémol. Ainsi le bécarre baisse la note d'un demi-ton, quand elle est diésée, et il la hausse d'un demi-ton, quand elle est bémolisée.

D. Comment fait-on pour hausser ou baisser de nouveau une note déjà diésée ou bémolisée ?

R. En plaçant devant cette note un double-dièse ♯♯ ✻, ou un double-bémol ♭♭.

D. Où se posent les dièses et les bémols ?

R. Immédiatement après la clef, en tête du morceau, ou dans l'intérieur, devant les notes. Les signes placés à la clef affectent toutes les notes semblables au grave, au médium, à l'aigu, qui se rencontrent dans l'étendue d'un morceau; ceux qui sont placés ailleurs qu'à la clef, c'est-à-dire devant les notes, sont considérés comme accidentels, et n'ont d'effet que sur les notes de la mesure où ils sont enfermés (*); dans la mesure suivante, les signes de la clef reprennent leur empire (6).

(*) Si le dièse, ou le bémol, ou le bécarre accidentel est placé devant une note plusieurs fois répétée dans la même mesure, ce dièse, ou ce bémol, ou ce bécarre, agit également sur toutes les notes semblables de cette mesure, bien qu'il ne soit écrit que devant la première.

CHAPITRE VI.

Des intervalles simples et composés; de leurs renversements;
des Degrés conjoints et disjoints.

D. Qu'est-ce qu'un degré ?

R. C'est une note quelconque considérée comme échelon de la gamme ; sous ce rapport, note et degré sont synonymes.

D. Combien y a-t-il de sortes de degrés ?

R. Il y en a deux sortes : les degrés conjoints ou diatoniques, et les degrés disjoints.

D. Qu'entend-on par degrés conjoints ou diatoniques ?

R. Les degrés conjoints ou diatoniques sont ceux qui se suivent immédiatement en procédant sans interruption d'une note à la note supérieure ou inférieure, dans l'ordre de la gamme. L'espace entre deux degrés produit l'*intervalle*.

D. Cet intervalle est-il toujours le même ?

R. Il a été dit, dans le chapitre précédent, qu'il était tantôt d'un ton, tantôt d'un demi-ton.

Exemple de degrés conjoints.

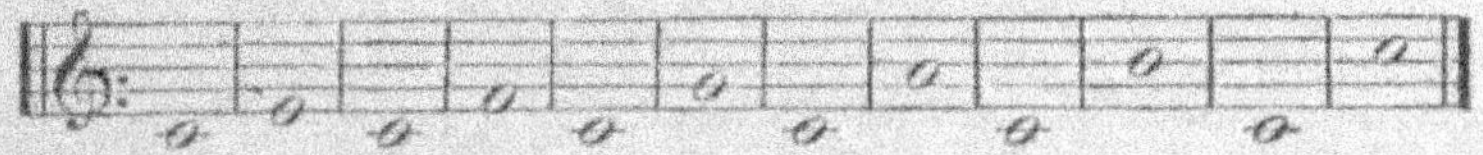

D. Qu'entend-on par degrés disjoints ?

R. Ce sont tous ceux qui procèdent par des intervalles plus grands que celui qui ne peut comprendre que deux degrés.

Exemple de degrés disjoints.

D. Combien y a-t-il de notes dans une gamme complète ?

R. Huit.

D. Combien ces huit notes forment-elles de degrés ?

R. Elles forment huit degrés.

D. Comment nomme-t-on le premier degré d'une gamme quelconque ?

R. La *tonique*, parce que c'est toujours la note du premier degré qui donne son nom à la gamme.

D. Quel est le premier degré, ou la *to-nique* de la gamme d'*ut* ?   *R.* C'est l'*ut*.

D. Quel est le second degré,   *R.* C'est le *ré*.

D. Quel est le troisième,   *R.* C'est le *mi*.

D. Quel est le quatrième ?   *R.* C'est le *fa*.

D. Quel est le cinquième ?   *R.* C'est le *sol*.

D. Quel est le sixième ?   *R.* C'est le *la*.

D. Quel est le septième ?   *R.* C'est le *si*.

D. Quel est le huitième ?   *R.* C'est l'*ut* aigu.

D. Quel est le plus petit intervalle appréciable d'une note à une autre ?

R. C'est le demi-ton.

D. Combien y a-t-il d'espèces de demi-ton ?

R. Il y a deux espèces de demi-ton : le demi-ton majeur et le mineur.

D. A quoi reconnaissez-vous le demi-ton majeur?

R. C'est lorsque ce demi-ton est produit par deux notes différentes, dont l'une est placée sur une ligne, l'autre dans l'interligne le plus voisin en dessous ou en dessus.

D. A quoi reconnaissez-vous le demi-ton mineur ?

R. C'est lorsque, de deux notes semblables, l'une des deux se trouve haussée ou baissée, par un dièse ou un bémol.

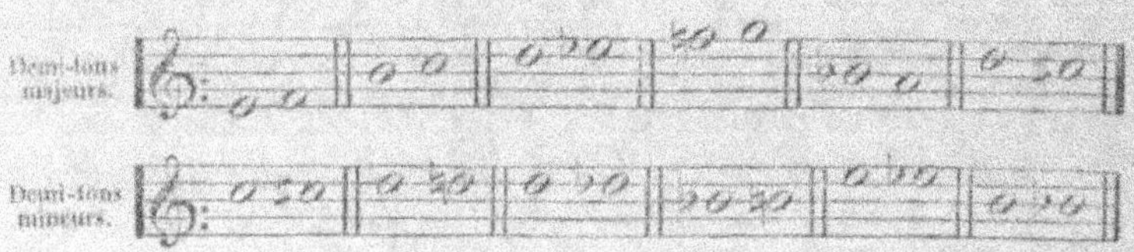

Des Intervalles et de leurs renversements.

D. Comment nomme-t-on l'absence de tout intervalle entre deux notes qui se suivent sur le même degré, comme, par exemple, deux *ut* ?

R. Unisson.

D. Dans la gamme d'*ut*, comment nomme-t-on l'intervalle d'*ut* à *ré* ? — *R.* Une seconde.

D. Et celui d'*ut* à *mi* ? — *R.* Une tierce.

D. Et celui d'*ut* à *fa* ? — *R.* Une quarte.

D. Et celui d'*ut* à *sol* ? — *R.* Une quinte.

D. Et celui d'*ut* à *la* ? — *R.* Une sixte.

D. Et celui d'*ut* à *si* ? — *R.* Une septième.

D. Et celui d'*ut* à *ut* ? — *R.* Une octave (*).

D. Peut-on renverser ces intervalles ? — *R.* Oui.

D. Comment ?

R. Du bas en haut. La basse étant la partie la plus grave, c'est toujours d'après elle que l'on compte les intervalles qui forment les accords.

D. Comment opérez-vous ce renversement?

R. En transportant à l'octave au-dessus le premier des deux sons qui vous ont fourni le premier intervalle, et en laissant le second à sa place; vous comptez ensuite du premier, ainsi transporté à l'octave, au second, et vous chiffrez le résultat.

(*) En doublant ces intervalles on obtient ceux de neuvième, de dixième, de onzième, de douzième, de treizième, de quatorzième, de quinzième ou double-octave, qui sont la répétition des premiers intervalles à l'octave au-dessus. On a vu, à la page 3, l'échelle générale des sons obtenus et pratiqués jusqu'à ce jour, depuis l'extrême grave jusqu'à l'extrême aigu; cette échelle reproduit six fois les intervalles qui viennent d'être expliqués.

D. Que devient un unisson renversé?   *R.* Une octave.
D. Que devient une seconde renversée?   *R.* Une septième.
D. Et une tierce renversée?   *R.* Une sixte.
D. Et une quarte renversée?   *R.* Une quinte.
D. Et une quinte renversée?   *R.* Une quarte.
D. Et une sixte renversée?   *R.* Une tierce.
D. Et une septième renversée?   *R.* Une seconde.
D. Et une octave renversée?   *R.* Un unisson.

Tableau des intervalles et de leurs renversements (*)

INTERVALLES.

| unisson. | seconde. | tierce. | quarte. | quinte. | sixte. | septième. | octave |

| octave. | septième. | sixte. | quinte. | quarte. | tierce. | seconde. | unisson. |

RENVERSEMENTS.

D. Vous avez donné le nom de tous les intervalles naturels; mais ce n'est pas assez pour déterminer un intervalle qui, sous le même nom, peut être majeur ou mineur, ou diminué, ou augmenté. Expliquez donc dans quel cas et comment il peut devenir l'un ou l'autre?

R. Si d'un intervalle *majeur*, comme par exemple une tierce composée de deux tons pleins, on retranche un demi-ton, il devient mineur; si de cette tierce mineure vous retranchez encore un demi-ton, elle devient diminuée. Si, au contraire, on augmente d'un demi-ton l'intervalle majeur, il devient *augmenté*.

D. De quoi se compose une seconde mineure?

R. D'un demi-ton, comme d'*ut* naturel à *ré* bémol.

D. Et une seconde majeure?

R. D'un ton, comme d'*ut* naturel à *ré* naturel.

D. Et une seconde augmentée?

R. D'un ton et un demi-ton, comme d'*ut* naturel à *ré* dièse.

D. De quoi se compose une tierce diminuée?

R. De deux demi-tons, comme d'*ut* dièse à *mi* bémol. Cette tierce ne compte que théoriquement et à cause du renversement qu'elle produit; elle ne doit point être employée en raison de son mauvais effet et de sa nature équivoque.

D. De quoi se compose une tierce mineure?

R. D'un ton et un demi-ton, comme d'*ut* naturel à *mi* bémol.

(*) Chacun de ces intervalles, excepté l'unisson et l'octave, peut se présenter sous quatre faces différentes : *majeur*, *mineur*, *augmenté*, ou *diminué*. On remarquera que le mot *augmenté* est employé au lieu de *superflu*, qui se trouve encore dans quelques méthodes, et le mot *diminué* au lieu de *faux* qui s'employait également. Il a paru que ce qui était *superflu* était inutile, que ce qui était *faux* était mauvais, et qu'il serait bien de choisir deux termes plus appropriés aux objets qu'ils devaient exprimer.

D. Et une tierce majeure?

R. De deux tons, comme d'*ut* naturel à *mi* naturel.

D. De quoi se compose une quarte diminuée?

R. D'un ton et deux demi-tons, comme d'*ut* dièse à *fa* naturel.

D. Et une quarte juste?

R. De deux tons et un demi-ton, comme d'*ut* naturel à *fa* naturel.

D. Et une quarte augmentée?

R. De trois tons; cet intervalle se nomme *triton*, comme d'*ut* naturel à *fa* dièse.

D. De quoi se compose une quinte diminuée?

R. De deux tons et deux demi-tons, comme d'*ut* dièse à *sol* naturel.

D. Et une quinte juste?

R. De trois tons et un demi-ton comme d'*ut* naturel à *sol* naturel.

D. Et une quinte augmentée?

R. De trois tons et deux demi-tons, comme d'*ut* naturel à *sol* dièse.

D. De quoi se compose une sixte mineure?

R. De trois tons et deux demi-tons, comme d'*ut* dièse à *la* naturel.

D. Et une sixte majeure? (**7**)

R. De quatre tons et un demi-ton, comme d'*ut* naturel à *la* naturel.

D. Et une sixte augmentée?

R. De quatre tons et deux demi-tons, comme d'*ut* naturel à *la* dièse.

D. De quoi se compose une septième diminuée?

R. De trois tons et trois demi-tons, comme d'*ut* dièse à *si* bémol.

D. Et une septième mineure?

R. De quatre tons et deux demi-tons, comme d'*ut* naturel à *si* bémol.

D. Et une septième majeure?

R. De cinq tons et un demi-ton, comme d'*ut* naturel à *si* naturel.

D. De quoi se compose l'octave?

R. De cinq tons et deux demi-tons: cet intervalle ne peut s'altérer.

Tableau des Intervalles.

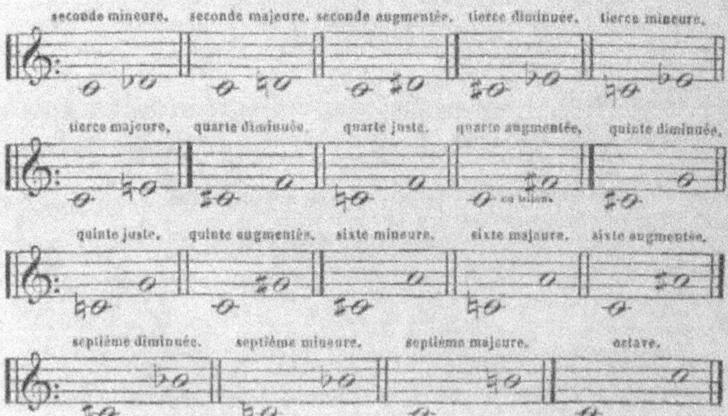

D. Ces intervalles peuvent-ils aussi se renverser ?

R. Oui, tous et de la même manière, c'est-à-dire du bas en haut, comme il a été expliqué pour les intervalles naturels.

D. Que devient une seconde mineure renversée ?

R. Une septième majeure.

D. Et une seconde majeure renversée ?

R. Une septième mineure.

D. Et une seconde augmentée renversée ?

R. Une septième diminuée.

D. Que devient une tierce diminuée renversée ?

R. Une sixte augmentée.

D. Et une tierce mineure renversée ?

R. Une sixte majeure.

D. Et une tierce majeure renversée ?

R. Une sixte mineure.

D. Que devient une quarte diminuée renversée ?

R. Une quinte augmentée.

D. Et une quarte juste renversée ?

R. Une quinte juste.

D. Et une quarte augmentée renversée ?

R. Une quinte diminuée.

D. Que devient une quinte diminuée renversée ?

R. Une quarte augmentée.

D. Et une quinte juste renversée ?

R. Une quarte juste.

D. Et une quinte augmentée renversée ?

R. Une quarte diminuée.

D. Que devient une sixte mineure renversée ?

R. Une tierce majeure.

D. Et une sixte majeure renversée ?

R. Une tierce mineure.

D. Et une sixte augmentée renversée ?

R. Une tierce diminuée.

D. Que devient une septième diminuée renversée ?

R. Une seconde augmentée.

D. Et une septième mineure renversée ?

R. Une seconde majeure.

D. Et une septième majeure renversée ?

R. Une seconde mineure. On voit que (par le renversement) ce qui était majeur devient mineur, ce qui était mineur devient majeur, ce qui était augmenté devient diminué, ce qui était diminué devient augmenté, et ce qui était juste reste juste.

Tableau des intervalles sous les trois faces et de leurs renversements.

Seconde mineure.   seconde maj.   seconde augm.   Tierce diminuée.   tierce mineure.   tierce majeure.

Septième majeure.   septième min.   septième dim.   Sixte augm.   sixte majeure.   sixte mineure.

Quarte diminuée.   quarte juste.   quarte augm.   Quinte dimin.   quinte juste.   quinte augm.

Quinte augm.   quinte juste.   quinte dimin.   Quarte augm.   quarte juste.   quarte dimin.

Sixte mineure.   sixte majeure.   sixte augm.   Septième dim.   septième min.   septième maj.

Tierce majeure.   tierce mineure.   tierce dimin.   Seconde augm.   seconde maj.   seconde min.

Nombre de tons et de demi-tons dont se compose chaque intervalle.

	MAJEURE OU JUSTE.	MINEURE.	AUGMENTÉE.	DIMINUÉE.
SECONDE	Un ton.	Un demi-ton.	Un ton et demi.	»
TIERCE	Deux tons.	Un ton et demi.	»	Deux demi-tons.
QUARTE.	Deux tons et un demi-ton.	»	Trois tons (triton)	Un ton et deux demi-tons.
QUINTE.	Trois tons et un demi-ton.	»	Trois tons et deux demi-tons.	Deux tons et deux demi-tons.
SIXTE.	Quatre tons et un demi-ton.	Trois tons et deux demi-tons.	Quatre tons et deux demi-tons.	»
SEPTIÈME.	Cinq tons et un demi-ton.	Quatre tons et deux demi-tons.	»	Trois tons et trois demi-tons.

CHAPITRE VII.

Du nombre de dièses et de bémols, et de l'ordre dans lequel ils doivent être placés
à la clef.

D. Combien y a-t-il de dièses et de bémols?

R. Autant que de notes, c'est-à-dire, sept dièses et sept bémols, qui prennent les noms de ces sept notes.

D. Où se posent-ils ordinairement?

R. En tête du morceau, immédiatement après la clef.

D. Dans quel ordre se posent les dièses à la clef?

R. Les dièses se posent de quinte en quinte en montant.

D. Qu'est-ce qu'une quinte?

R. C'est un intervalle de cinq notes ou degrés.

D. Sur quel degré se pose le premier dièse?

R. Sur le quatrième degré de la gamme d'*ut* naturel, qui est le *fa*.

D. Sur quel degré se pose le second?

R. Sur l'*ut*, qui est la quinte de *fa* en montant.

D. Et le troisième?

R. Sur le *sol*, qui est la quinte d'*ut* en montant.

D. Et le quatrième?

R. Sur le *ré*, qui est la quinte de *sol* en montant.

D. Et le cinquième?

R. Sur le *fa*, qui est la quinte de *ré* en montant.

D. Et le sixième?

R. Sur le *mi*, qui est la quinte de *la* en montant.

D. Et le septième?

R. Sur le *si*, qui est la quinte de *mi* en montant.

D. N'y en a-t-il pas quelqu'autre?

R. Il y en a un huitième; il se pose sur le *fa*, qui est la quinte de *si* en montant; mais alors il est double.

D. Pourquoi place-t-on le premier dièse sur le *fa* plutôt que sur toute autre note?

R. On a dû nécessairement admettre le ton d'*ut*, où il n'y a ni dièses, ni bémols à la clef, comme le plus naturel, et alors le premier des tons. Ce ton se constitue par une gamme de huit notes renfermant cinq tons et deux demi-tons majeurs, dont le premier se trouve placé entre le troisième et le quatrième degré, le second entre le septième et le huitième degré. Ce septième degré, le plus voisin de la tonique (ou de son octave)

(*) La position des dièses à la clef ne représente pas exactement la marche ascendante par intervalle de quinte, mais on a dû l'altérer de la sorte afin de pouvoir placer tous les dièses sans dépasser les lignes de la portée. Il en est de même pour les bémols.

puisqu'il n'est qu'à un demi-ton au-dessous, est ce que l'on nomme la *note sensible* de ce ton. Cette note est *indispensable* et doit se retrouver dans tous les tons.

D. Cette réponse ne m'éclaire pas suffisamment ; produisez-moi quelques exemples ?

R. Il a été décidé, le temps et la méthode ont sanctionné cette décision, que la première *modulation*, ou changement régulier de ton, s'opérerait du premier au cinquième degré, ou de la tonique à la dominante, ou enfin de l'accord parfait d'*ut* à l'accord parfait de *sol*, ce qui est la même chose. La note sensible d'*ut* est *si* naturel qui est un demi-ton au-dessous de la tonique, comme il a été dit plus haut ; mais *sol* n'aurait point eu de note sensible sans l'adjonction d'un dièse devant le *fa* qui, haussé par ce moyen d'un demi-ton, est devenu l'*indispensable* note sensible de *sol* dont il n'est plus éloigné que d'un demi-ton en dessous (*).

D. La même nécessité existe-t-elle pour les autres dièses ?

R. Oui. Procédant ainsi pour moduler de la tonique à la quinte au-dessus, le ton de *sol*, une fois établi, conduisit au ton de *ré*, auquel il fallait sa note sensible *ut* ♯ : voilà le second dièse. *Ré*, à son tour, conduisit au ton de *la*, qui demandait sa note sensible *sol* ♯ : voilà le troisième dièse. *La* conduisit au ton de *mi*, qui demandait sa note sensible *ré* ♯ : voilà le quatrième dièse, et ainsi de suite pour les trois autres.

D. Vous n'admettez donc que sept dièses ?

R. Comme il n'y a que sept notes un plus grand nombre de dièses serait sans objet.

D. Vous avez parlé du double-dièse ; n'y en a-t-il qu'un ?

R. Le double-dièse a été reconnu nécessaire pour fournir les notes sensibles des tons de *sol* ♯ mineur, de *ré* ♯ mineur, et de *la* ♯ mineur. Ce double-dièse, qui hausse la note d'un ton, ne saurait être employé ailleurs, exepté le cas d'altération accidentelle dictée par le goût, sans amener une confusion complète dans le système des sons et des tons (**).

(*) Une autre raison non moins essentielle de la position du premier dièse sur le *fa* est la nécessité de hausser d'un demi-ton cette note *fa* pour la rendre *quinte juste* de *si naturel*, et faire, de cette manière, rentrer cette quinte *si-fa* dans le système général de la *tonalité* qui veut que chaque gamme ait sa quinte juste.

(**) La position des dièses, ainsi fixée de quinte en quinte en montant, vous fait parcourir une échelle que l'on peut réduire en cercle, et dont l'extrémité vous ramène précisément au point d'où vous êtes parti, comme on peut le voir dans la figure suivante :

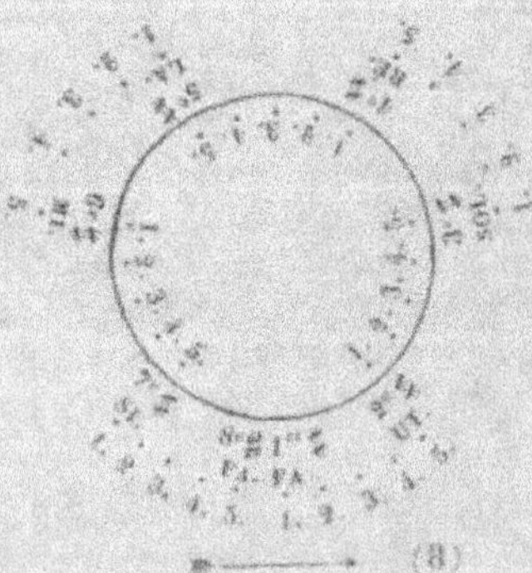

D. Comment se posent les bémols à la clef ?

R. Les bémols se posent de quinte en quinte en descendant.

D. Sur quel degré se pose le premier bémol ?

R. Sur le septième degré de la gamme d'*ut*, qui est *si*.

D. Sur quel degré se pose le second bémol ?

R. Sur le *mi*, qui est la quinte de *si* en descendant.

D. Et le troisième ?

R. Sur le *la*, qui est la quinte de *mi* en descendant.

D. Et le quatrième ?

R. Sur le *ré*, qui est la quinte de *la* en descendant.

D. Et le cinquième ?

R. Sur le *sol*, qui est la quinte de *ré* en descendant.

D. Et le sixième ?

R. Sur l'*ut*, qui est la quinte de *sol* en descendant.

D. Et le septième ?

R. Sur le *fa*, qui est la quinte de l'*ut* en descendant.

D. N'y en a-t-il pas quelqu'autre ?

R. Il y en a un huitième ; il se pose sur le *si*, qui est la quinte de *fa* en descendant ; mais alors il est double.

D. Pourquoi place-t-on le premier bémol sur le *si* plutôt que sur tout autre note ?

R. Après avoir épuisé tous les moyens de changer de ton par le mouvement de quinte en montant, on a étendu le domaine de la modulation en procédant par mouvement de quinte en descendant, et en partant du ton d'*ut* naturel comme on l'avait fait pour les dièses. Le premier mouvement de quinte en descendant donna le ton de *fa* ; mais il devait être en tout semblable aux autres dans sa conformation. Or, dans la gamme de *fa*, le *si* naturel donnait une quarte augmentée et dérangeait l'ordre des demi-tons en plaçant le premier du 4ᵉ au 5ᵉ degré. Il a fallu mettre un bémol devant le *si* pour rendre la quarte juste, comme dans les autres gammes, et rétablir le premier demi-ton du 3ᵉ au 4ᵉ degré : voilà pourquoi le premier bémol se pose sur le *si* (**).

D. Qu'est-il arrivé pour les autres bémols ?

R. Les mêmes résultats que pour le premier. En partant de *fa*, et en descendant de quinte, on arrive au ton de *si*, déjà bémolisé à la clef, et dont la quarte augmentée, *mi* naturel, dût être abaissée d'un demi-ton pour qu'elle devînt juste, et que les deux demi-

---

(*) La marche descendante par quinte des bémols est intervertie de même que dans la position des dièses pour qu'ils soient tous renfermés dans les lignes de la portée.

(**) Un motif équivalent à celui que j'ai allégué plus haut pour le premier dièse a fait placer le premier bémol sur le *si* ; ce motif prend sa source dans la loi de la *tonalité*. Par le moyen de ce bémol placé devant le *si*, la quinte *si-fa* naturel devient juste et conforme à toutes les autres.

tons de la gamme de *si* se trouvassent placés suivant l'ordre adopté du 3e au 4e degré, et du 7e au 8e degré ; voilà donc le second bémol fixé sur le *mi*. De *si* ♭ majeur, en descendant de quinte en quinte, on arriva à *mi* bémolisé à la clef, dont la quarte augmentée, *la* naturel, dût être abaissé comme les précédentes ; ce qui fixa le troisième bémol sur le *la*. De *mi* ♭ majeur, en descendant de quinte, on arriva à *la* bémolisé à la clef, dont la quarte augmentée, *ré* naturel, fut à son tour abaissée, et fixa la place du quatrième bémol sur le *ré*. En procédant ainsi par quinte en descendant, on arriva, par les mêmes causes, à l'établissement des autres bémols sur *sol*, sur *ut*, sur *la* et sur *si*.

D. Y a-t-il un plus grand nombre de bémols ?

R. Il ne peut y avoir plus de bémols que de notes, l'excédant serait sans application.

D. Pourquoi admettez-vous un double-bémol ?

R. Il ne se justifie pas par la même nécessité que le double-dièse ; mais il lui sert de parallèle comme moyen d'altération accidentelle à la disposition des compositeurs (*).

CHAPITRE VIII.

Du Mode.

D. Qu'est-ce que le mode ?

R. Le mode s'entend de l'exécution simultanée des trois sons principaux d'une gamme que l'on appelle *accord parfait*. Les rapports de ces trois sons entre eux sont ce qui constitue le mode.

D. Quels sont ces trois sons principaux ?

R. La *tonique*, ou premier degré de la gamme, la *tierce*, ou troisième degré, et la *quinte*, ou *dominante*, qui est le cinquième degré, à quoi on ajoute l'octave.

(*) La position des bémols, ainsi fixée de quinte en quinte en descendant, offre, comme celle des dièses, une échelle qui, réduite en cercle, comme la précédente, vous ramène par son extrémité au point même d'où vous êtes parti, comme on peut le voir par la figure suivante.

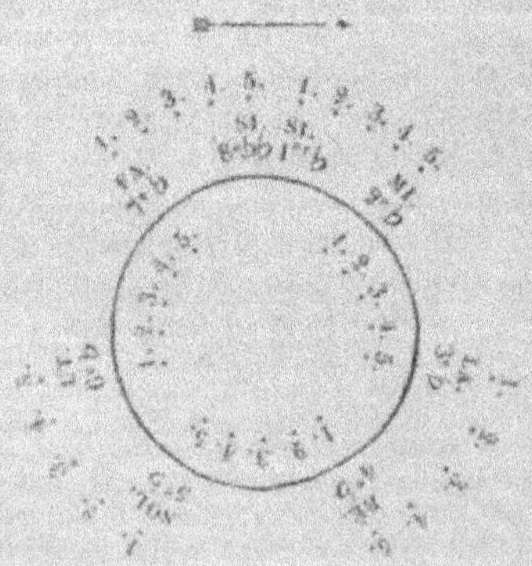

D. Combien y a-t-il de modes?

R. Deux : Le *mode majeur*, et le *mode mineur*.

D. A quoi reconnaît-on qu'un mode est majeur ou mineur ?

R. A la position du premier demi-ton de la gamme.

D. Sur quel degré se trouve le premier demi-ton dans une gamme du mode majeur ?

R. Entre le troisième et le quatrième degré.

D. Sur quel degré se trouve le premier demi-ton dans une gamme du mode mineur ?

R. Entre le deuxième et le troisième degré.

D. Ainsi, c'est donc toujours la première tierce de la gamme qui détermine le mode ?

R. Oui. Quand cette première tierce est majeure, c'est-à-dire quand elle est composée de deux tons pleins, comme d'*ut* naturel à *mi* naturel, le mode est *majeur*. Lorsqu'au contraire cette première tierce est mineure, c'est-à-dire composée d'un ton et d'un demi-ton seulement, comme de *la* naturel à *ut* naturel, le mode est mineur.

D. Pourquoi placez-vous un dièse devant le sixième et devant le septième degré de la gamme mineure ascendante ?

R. Pour établir entre chacun de ces degrés le même intervalle que dans le mode majeur ; la tierce, seule, suffit pour déterminer le mode.

D. Pourquoi retranchez-vous ces dièses dans la gamme mineure descendante ?

R. Pour la rendre plus douce à l'oreille ; au surplus, on peut conserver ou retrancher ces dièses à volonté. Lorsque l'on conserve celui qui est placé devant le septième degré, c'est dans le but de maintenir l'intervalle d'un demi-ton entre ce septième degré et la tonique (ou son octave), et d'articuler ainsi constamment la note *sensible* qui doit exister dans le mode mineur comme dans le mode majeur.

CHAPITRE IX.

Du Ton.

D. Qu'entend-on par le mot *ton* ?

R. Ce mot a plusieurs acceptions. On a déjà expliqué plus haut qu'il s'employait pour exprimer l'intervalle qui existe entre deux degrés conjoints ; mais ici il doit se prendre pour la *tonique*, qui est la note fondamentale sur laquelle tout accord parfait, majeur ou mineur, est établi. Or, cette note principale étant TOUJOURS LA PREMIÈRE DE LA GAMME dans laquelle on écrit, c'est cette première note, ou tonique, qui détermine le ton en lui donnant son nom.

D. Y a-t-il plusieurs tons ?

R. D'après l'explication qui précède, on comprend qu'il doit y avoir autant de *tons* qu'il y a de notes dans la musique, et que ces notes peuvent former des gammes différentes dans les deux modes, avec ou sans le secours des dièses et des bémols.

D. Combien compte-t-on de tons ?

R. Il y a sept tons majeurs avec des dièses, savoir : *sol* majeur (avec un dièse à la clef), *ré* majeur (avec deux dièses), *la* majeur (avec trois dièses), *mi* majeur (avec quatre dièses), *si* majeur (avec cinq dièses), *fa* ♯ majeur (avec six dièses), et *ut* ♯ majeur (avec sept dièses). Sept tons mineurs avec des dièses, savoir : *mi* mineur (avec un dièse à la clef), *si* mineur (avec deux dièses), *fa* ♯ mineur (avec trois dièses), *ut* ♯ mineur (avec quatre dièses), *sol* ♯ mineur (avec cinq dièses), *ré* ♯ mineur (avec six dièses), et *la* ♯ mineur (avec sept dièses). PLUS : sept tons majeurs avec des bémols, savoir : *fa* majeur (avec un bémol à la clef), *si* ♭ majeur (avec deux bémols), *mi* ♭ majeur (avec trois bémols), *la* ♭ majeur (avec quatre bémols), *ré* ♭ majeur (avec cinq bémols), *sol* ♭ majeur (avec six bémols), et *ut* ♭ majeur (avec sept bémols). SEPT tons mineurs avec des bémols, savoir : *ré* mineur (avec un bémol à la clef), *sol* mineur (avec deux bémols), *ut* mineur (avec trois bémols), *fa* mineur (avec quatre bémols), *si* ♭ mineur (avec cinq bémols), *mi* ♭ mineur (avec six bémols), et *la* ♭ mineur (avec sept bémols). PLUS : un ton majeur sans dièses ni bémols à la clef, savoir : *ut* naturel majeur ; et un ton mineur sans dièses ni bémols à la clef, savoir : *la* naturel mineur. — TOTAL : *trente* tons, dont quinze majeurs et quinze mineurs, dont *ut* naturel majeur est le premier pour tous les tons majeurs, soit avec des dièses, soit avec des bémols, et dont *la* naturel mineur est le premier pour tous les tons mineurs, soit avec des dièses, soit avec des bémols.

D. Dans quel ton se trouve-t-on lorsqu'il n'y a ni dièses ni bémols à la clef ?

R. Dans le ton d'*ut* naturel majeur, ou dans le ton de *la* naturel mineur.

D. Et avec un dièse ?

R. En *sol* majeur, ou en *mi* mineur.

D. Et avec deux dièses ?

R. En *ré* majeur, ou en *si* mineur.

D. Et avec trois dièses ?

R. En *la* majeur, ou en *fa* ♯ dièse mineur.

D. Et avec quatre dièses ?

R. En *mi* majeur, ou en *ut* ♯ dièse mineur.

D. Et avec cinq dièses ?

R. En *si* majeur, ou en *sol* ♯ dièse mineur.

D. Et avec six dièses ?

R. En *fa* ♯ dièse majeur, ou en *re* ♯ dièse mineur.

D. Et avec sept dièses ?

R. En *ut* ♯ dièse majeur, ou en *la* ♯ mineur.

D. Dans quel ton se trouve-t-on avec un bémol à la clef ?

R. En *fa* majeur, ou en *ré* mineur.

D. Et avec deux bémols ?

R. En *si* ♭ bémol majeur, ou en *sol* mineur.

D. Et avec trois bémols ?

R. En *mi* ♭ bémol majeur, ou en *ut* mineur.

D. Et avec quatre bémols ?

R. En *la* ♭ bémol majeur, ou en *fa* mineur.

D. Et avec cinq bémols ?

R. En *ré* ♭ bémol majeur, ou en *si* ♭ bémol mineur.

D. Et avec six bémols ?

R. En *sol* ♭ bémol majeur, ou en *mi* ♭ bémol mineur.

D. Et avec sept bémols ?

R. En *ut* ♭ bémol majeur, ou en *la* ♭ bémol mineur.

D. Pourquoi dites-vous : En UT *majeur* ou en LA *mineur*; en SOL *majeur* ou en MI *mineur*; en FA *majeur* ou en RÉ *mineur*, etc. ?

R. C'est parce que, soit avec les dièses, soit avec les bémols, ou sans dièses ni bémols, chaque ton majeur a un *ton relatif* mineur dont le premier degré (ou la tonique) est toujours et invariablement placé une tierce au-dessous de la tonique du ton majeur.

D. En quoi consiste cette relation entre les deux tons ?

R. En ce que sur les *trois* notes de l'accord parfait du ton majeur, il y en a *toujours deux* qui sont communes à l'accord parfait du ton relatif mineur. C'est cette communauté qui constitue la relation ; aucun autre accord parfait ne pouvant s'approcher d'*aussi* près de l'accord parfait majeur que son relatif mineur.

D. Comment indiquez-vous ces deux différents tons.

R. Par la même quantité de dièses ou de bémols placés à la clef, ou la même absence des uns et des autres.

D. En quoi consiste donc la différence, et quel signe la fait reconnaître ?

R. La note sensible, dont il sera plus longuement parlé ailleurs.

D. Le même ton peut-il être alternativement majeur, ou mineur?

R. Il le peut sans changer de nom; c'est pourquoi il faut toujours indiquer le mode dans lequel se trouve le *ton*, c'est-à-dire exprimer s'il est *majeur* ou *mineur*.

D. Que faut-il faire pour passer d'un ton majeur dans le même ton mineur, et réciproquement?

R. Dans le premier cas, il faut baisser d'un demi-ton le troisième degré de la gamme ou la tierce, en partant de la tonique et en montant. Dans le second cas il faut hausser ce troisième degré d'un demi-ton.

D. Comment opère-t-on cette transition?

R. En changeant les signes de la clef.

D. Quels signes doit-on mettre à la clef pour passer du ton de *la* mineur à celui de *la* majeur?

R. Il faut mettre trois dièses à la clef.

D. Et dans tous les tons mineurs avec des dièses, que faut-il faire pour les rendre majeurs?

R. Toujours ajouter trois dièses au nombre qui est à la clef.

D. Que faut-il faire, dans tous les tons majeurs avec des dièses, pour les rendre mineurs?

R. Retrancher trois dièses du nombre qui est à la clef.

D. Comment retrancher trois dièses dans le ton de *ré* majeur qui n'en a que deux?

R. On retranche les deux dièses et l'on met à leur place un bémol.

D. Comment retrancher de la clef trois dièses dans le ton de *sol* majeur qui n'en a qu'un?

R. On retranche le dièse et l'on met à sa place deux bémols.

Tableau

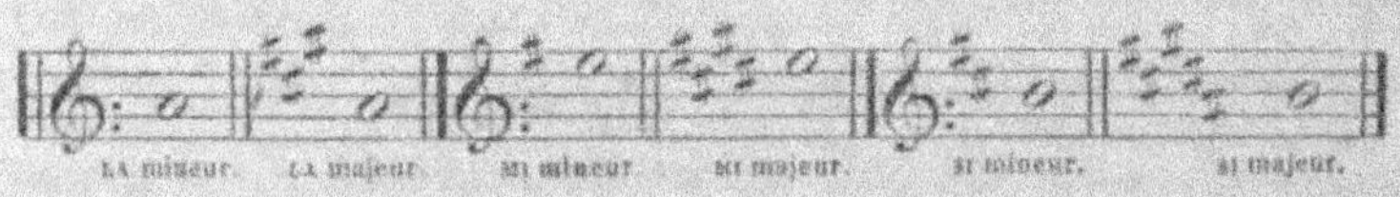

(*) Dans le premier exemple, l'*ut* et le *mi* sont communs aux accords parfaits d'*ut* et de *la*, dont ils font partie constitutive. Dans le second exemple, le *sol* et le *si* font également partie des accords parfaits de *sol* majeur et de *mi* mineur. Dans le troisième exemple, le *fa* et le *la* contribuent de même tous deux à la formation des accords parfaits de *fa* majeur et de *ré* mineur. Cette relation, que je crois bien comprise, existe aux mêmes conditions pour tous les autres tons, soit avec des dièses, soit avec des bémols.

D. Dans quel mode est le ton de *la* naturel ?

R. Dans le mode mineur : il a été dit que le ton de *la* naturel est le premier de tous les tons mineurs.

D. Dans quel mode est le ton d'*ut* naturel ?

R. Dans le mode majeur : il a été dit également que le ton d'*ut* naturel est le premier de tous les tons majeurs.

D. Quels signes doit-on mettre à la clef pour passer d'*ut* majeur à *ut* mineur ?

R. Il faut mettre trois bémols à la clef.

D. Que faut-il faire, dans tous les tons majeurs avec des bémols, pour les rendre mineurs ?

R. Toujours ajouter trois bémols à ceux qui sont à la clef.

D. Que faut-il faire, dans tous les ton mineurs avec des bémols, pour les rendre majeurs ?

R. Toujours retrancher trois bémols du nombre qui est à la clef.

D. Comment retrancher de la clef trois bémols dans le ton de *sol* mineur qui n'en a que deux ?

R. On retranche les deux bémols et on les remplace par un dièse.

D. Comment retrancher de la clef trois bémols dans le ton de *ré* mineur qui n'en a qu'un ?

R. On retranche le bémol et on le remplace par deux dièses.

Tableau.

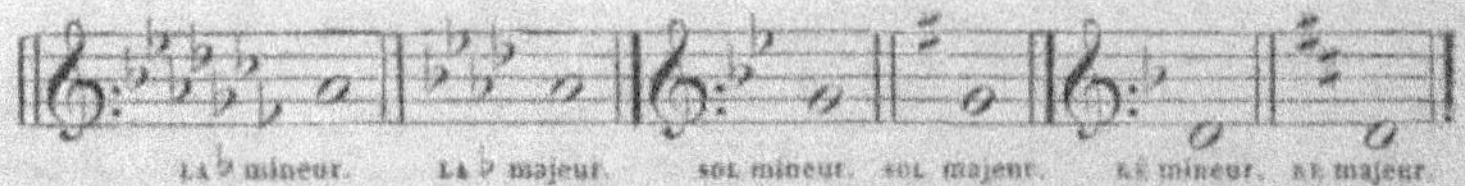

D. Dans les modes *majeurs* avec des *dièses*, où se trouve placée la tonique ?

R. *Toujours* un degré au-*dessus* du dernier dièse posé à la clef (*).

D. Dans les modes *mineurs* avec des *dièses*, où se trouve placée la tonique ?

R. *Toujours* un degré au-*dessous* du dernier dièse posé à la clef.

D. Dans les modes *majeurs* avec des *bémols*, où se trouve placée la tonique ?

R. *Toujours* quatres degrés au-*dessous* du dernier bémol posé à la clef.

D. Dans les modes *mineurs* avec des *bémols*, où se trouve placée la tonique ?

R. *Toujours* six degrés au-*dessous* du dernier bémol posé à la clef.

D. Mais à quoi peut-on reconnaître que l'on est dans le ton majeur plutôt que dans son relatif mineur ?

R. Par le moyen de la note sensible.

CHAPITRE X.

De la Note sensible.

D. Qu'est-ce que la *note sensible ?*

R. C'est la note qui se trouve une tierce majeure *au-dessus* de la dominante (qui est la cinquième note d'une gamme quelconque en partant de la tonique et en montant) ; c'est la septième note de la gamme dans tous les tons ; c'est celle qui se trouve un demi-ton au-*dessous* de la tonique (ou de son octave). Ainsi le *si* naturel est la *note sensible* dans le ton d'*ut* naturel (majeur ou mineur), et le *sol* dièse est la *note sensible* dans le ton de *la* naturel (mineur ou majeur).

D. Pourquoi l'appelle-t-on *note sensible ?*

R. Parce qu'elle établit le ton en faisant pressentir la tonique sur laquelle, après l'accord parfait de la dominante dans lequel elle est comprise, elle est obligée de monter.

D. Comment la note sensible fait-elle distinguer un ton majeur de son relatif mineur ?

R. Dans tous les tons possibles, il faut que l'intervalle du septième au huitième degré de la gamme soit d'un *demi-ton*. Or, dans les tons majeurs, ce demi-ton existe naturellement ; dans les tons mineurs il faut au contraire, pour qu'il existe, rapprocher *toujours* la septième note d'un demi-ton de la tonique (ou de son octave), par l'addition d'un dièse (et dans quelques cas d'un double-dièse), dans les tons avec des dièses, ou d'un bécarre, dans les tons avec des bémols. Ainsi donc, les signes de la clef indiquant à la fois le ton majeur et son relatif mineur, toutes les fois que, dans les premières mesures d'un morceau, la note qui est en même temps la quatrième de la gamme du ton majeur et la septième de la gamme de son relatif mineur ne *se trouve point altérée* par un dièse ou un bécarre accidentel, vous êtes assuré d'être dans le ton majeur. Si, au contraire, cette note sensible accidentelle se rencontre dans les pre-

---

(*) Voyez le tableau général des tons, de leur tonique, de leur note sensible, ci-après.

mières phrases, elle détruit le ton majeur et vous place dans son relatif mineur : on ne peut être à la fois dans deux tons différents.

D. Cette règle est-elle sûre ?

R. Oui ; mais elle exige de l'habitude et de l'attention pour être appliquée avec certitude (9).

Tableau de tous les tons majeurs et mineurs avec les dièses et les bémols.

Les toniques sont indiquées par des rondes, les notes sensibles par des noires (10).

D. Que peut-on remarquer principalement dans le précédent tableau ?

R. Que, dans les modes majeurs, la note sensible n'est jamais le produit d'un signe accidentel, tandis qu'elle l'est invariablement dans tous les tons mineurs, ce qui permet de distinguer facilement un ton majeur de son relatif mineur. On remarque ensuite que les tons sont classés dans le même ordre que les dièses, de quinte en quinte en montant, et les bémols, de quinte en quinte en descendant.

D. D'après quelle loi cet ordre dans la succession des tons se trouve-t-il établi ?

R. La gamme d'*ut*, étant la plus simple, la plus naturelle, a été avec raison considérée comme le modèle, le premier des tons majeurs. On a dû nécessairement chercher à classer les autres tons, à mesure qu'ils se sont formés dans l'ordre naturel le plus rapproché de la gamme d'*ut* (*). L'usage seul a décidé que le ton qui se rapprochait le plus d'un autre ton *était* celui qui prenait naissance à la quinte au-*dessus*, appelée *dominante*; voilà pourquoi le *sol*, cinquième note ou dominante de la gamme d'*ut*, a pris rang immédiatement après le ton d'*ut*. Il n'y avait aucune cause majeure qui empêchât de procéder à la quinte au-dessous, qui aurait alors donné le ton de *fa* comme premier résultat au lieu de *sol*. Le choix étant tombé sur le *sol*, il a fallu lui créer une note sensible (qui existe naturellement dans le ton d'*ut*), et frapper son septième degré d'un dièse pour l'élever d'un demi-ton, et le rendre note sensible de *sol* dont il détermine le ton. Voilà, comme je l'ai expliqué ailleurs, l'origine de la fixation du premier dièse sur le *fa* (**).

D. Quelle cause a nécessité l'emploi des bémols ?

R. Le besoin d'étendre le cercle des ressources pour changer de ton. Arrivé au point où toutes les notes étaient diésées, on ne pouvait plus continuer la marche ascendante par quintes autrement qu'en doublant successivement chaque dièse, ce qui eût dénaturé complètement le rapport d'intonation attaché à chaque note, et rendu l'exécution d'une extrême difficulté. On a donc cherché, en partant toujours de la gamme d'*ut* naturel, une nouvelle série de tons, en procédant par intervalle de quinte en descendant, ou par *sous-dominante*. La sous-dominante du ton d'*ut* est *fa*, lequel devient la tonique du nouveau ton, mais la gamme de *fa* différait de celle d'*ut* par son quatrième degré qui donnait une quarte augmentée et déplaçait le premier demi-ton ; pour rétablir l'ordre primitivement adopté par ces demi-tons, on abaissa la quarte (*si* naturel) d'un demi-ton au moyen d'un bémol. Voilà ce qui a déterminé la position du premier bémol sur le *si* (***). C'est par ces raisons que l'on a pu assigner aux bémols, comme on l'avait fait pour les dièses, le rang qu'ils occupent à la clef, et déterminer l'ordre dans lequel les différents tons avec des bémols doivent se succéder.

D. Que serait-il advenu si, toutes les notes de la gamme une fois diésées, on avait

---

(*) Ceci doit s'entendre de la musique libre moderne, car, dans la musique scholastique, ou d'église ancienne, il n'y a que six tons, et ce n'est pas celui d'*ut* qui est le premier, c'est celui de *ré*. Ils se classent ainsi : *ré*, *mi*, *fa*, *sol*, *la*, *ut*, sans dièses ni bémols.

(**) Voyez, pour la fixation des autres dièses, ce qui est dit aux pages 19 et 20.

(***) Voyez, pour la fixation des autres bémols, ce qui est dit aux pages 21 et 22.

continué la marche par quinte en montant et détermine les nouveaux tons en frappant leur *note sensible* d'un double-dièse ?

R. On aurait obtenu, quant à l'intonation des tons, un résultat semblable à celui qu'on a retiré en procédant par intervalle de quinte en quinte descendante ; seulement la dénomination des tons aurait changé : le *sol naturel* se fût appelé FA *double-dièse*, le *ré* eût pris le nom d'UT *double-dièse*, etc., etc. En adoptant la marche qu'on a indiquée plus haut, on a donc évité une complication inutile.

D. Le même ton peut donc recevoir deux dénominations différentes, suivant L'ESPÈCE DES SIGNES PLACÉS A LA CLEF ?

R. Sans doute. Il n'est pas de ton qui ne puisse, A LA RIGUEUR, recevoir une double dénomination ; mais les compositeurs ne font guère usage de cette faculté, dans le cours d'un même morceau, que pour les tons renfermés entre les doubles-barres du tableau ci-après :

TABLEAU COMPARATIF

Présentant la marche par quintes contraires des tons avec dièses et avec bémols, jusqu'à ce que les uns et les autres soient revenus au point de départ qui est le ton d'*ut* naturel (*).

(*) Le point de départ des deux marches, qui est le ton d'*ut* naturel, se trouve à la première mesure de la première ligne, de GAUCHE A DROITE, et à la dernière mesure de la seconde ligne, de DROITE A GAUCHE : le premier pour les tons avec les dièses, le second pour les tons avec les bémols.

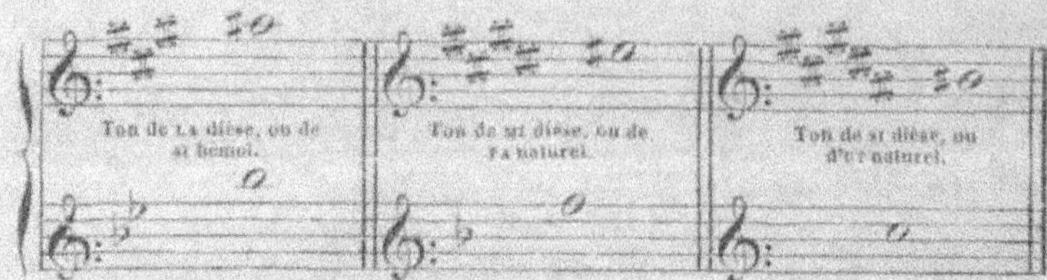

Ce tableau explique suffisamment les motifs qui n'ont pas permis de continuer la marche ascendante après l'épuisement des sept dièses, et qui ont engagé à compléter la série générale des tons par une marche diamétralement opposée à la première et avec le secours des bémols.

D. Que doit faire tout exécutant avant de commencer un morceau ?

R. S'assurer de cinq points, savoir : 1° pour quelle clef il est écrit ; 2° à quelle mesure ; 3° dans quel ton ; 4° dans quel mode ; 5° dans quel mouvement.

CHAPITRE VIII.

De la Mélodie, ou de la succession des sons.

D. Qu'est-ce que la *mélodie* ?

R. La *mélodie*, ou le chant, est une succession de sons dont l'expression varie en raison du rhythme, du mode, du ton, de la mesure et du mouvement qu'on lui imprime.

D. On sait déjà que le MODE s'entend de la relation qu'ont entre elles les trois notes de l'accord parfait ; que le TON est le produit du nombre de dièses ou de bémols placés à la clef ; que la MESURE est la division du temps en parties égales ; que le MOUVEMENT est l'accélération plus ou moins grande que l'on donne à la mesure ; reste à expliquer ce que c'est que le RHYTHME.

R. Le rhythme est l'accentuation que l'on donne à la musique en faisant emploi de notes de valeurs différentes.

D. Donnez un exemple qui prouve que sans rien changer au mode, au ton, à la mesure et au mouvement, on peut néanmoins varier le rhythme.

R. 

Toute phrase musicale exprimée par une seule voix ou un seul instrument est une MÉLODIE. Les mélodies les plus élémentaires, c'est-à-dire les plus simples, servent à composer ce que l'on nomme les SOLFÉGES. Ces mélodies, graduées avec méthode depuis les gammes jusqu'aux morceaux d'exécution difficile, offrent les exemples de tous les MODES, de tous les TONS, de toutes les MESURES, de tous les MOUVEMENTS, de tous les RHYTHMES. Ces recueils sont destinés à familiariser les élèves avec les notes, les valeurs, les signes qui les représentent, ceux qui les altèrent, les mesures, enfin avec tout ce qui concourt à la composition de la musique.

D. Qu'est-ce que SOLFIER ?

R. C'est chanter dans un SOLFÉGE en battant la mesure et en nommant par leur nom toutes les notes. On ne saurait trop recommander cet important exercice aux élèves qui veulent devenir bons musiciens (11).

D. A quelles causes principales peut-on attribuer le plus ou moins de succès dans l'étude de la musique ?

R. A l'organisation et au travail.

D. Qu'entendez-vous par l'ORGANISATION ?

R. En ce qui concerne la musique, c'est la constitution plus ou moins parfaite de l'oreille, la mémoire, la rapidité et la sûreté du coup-d'œil, l'entraînement naturel à l'étude de cet art, la facilité avec laquelle on y fait des progrès. On dit ordinairement d'un élève qui apprend vite et bien qu'il est BIEN ORGANISÉ.

D. Que signifie le mot INTONATION ?

R. L'intonation est la faculté de reproduire avec exactitude, par l'organe de la voix ou par tout autre instrument, les divers sons d'une mélodie quelconque. ENTONNER juste, c'est attaquer avec assurance, sans hésiter, chacun des sons. On dit communément d'une personne qui joue ou chante juste qu'elle a une bonne INTONATION ; et, en faisant l'éloge de son INTONATION, on veut dire qu'elle joue ou chante habituellement JUSTE; ainsi la JUSTESSE fait partie essentielle de l'INTONATION et est la preuve d'une bonne ORGANISATION.

D. Quels sont les garants de la JUSTESSE de l'INTONATION ?

R. D'abord le corps sonore, base légale des sons primitifs à l'aide desquels, avec le temps, on a formé ce qu'on appelle le DIAPASON, ou l'étendue diatonique d'une voix ou d'un instrument quelconque ; ensuite le DIAPASON, sorte d'abrégé du corps sonore, petit instrument d'acier pur en forme de pince, qui, lorsqu'on le frappe d'un bout contre un corps dur et qu'on l'applique ensuite par son extrémité opposée sur un autre corps, rend un son clair, prolongé, qui est ordinairement un *la* à l'aide duquel on ajuste les instruments, les voix, les orchestres, et enfin l'OREILLE, dont l'ORGANISATION plus ou moins parfaite rectifie, suivant ses facultés, la JUSTESSE de l'INTONATION.

D. Que veut dire VOCALISER ?

R. C'est exprimer avec la voix toute espèce de mélodie sans nommer les notes, en articulant une seule des cinq voyelles (*), l'A, par exemple, qui est la plus ouverte et facilite le mieux l'émission de la voix.

D. Que veut dire DÉCHIFFRER ?

R. C'est lire pour la première fois une MÉLODIE, un morceau de musique. On dit qu'un musicien est BON LECTEUR, qu'il DÉCHIFFRE bien, qu'il exécute A LIVRE OUVERT, quand il joue toute espèce de MÉLODIE A PREMIÈRE VUE comme s'il l'avait travaillée. La faculté de bien DÉCHIFFRER tient à la vivacité, à la sûreté du coup-

---

(*) Que les Italiens nomment *vocale*, d'où vient le mot *vocalizzare*, vocaliser. Cet exercice est l'étude préparatoire du chant.

d'œil, c'est un don naturel que le travail, l'habitude, la persévérance peuvent développer, perfectionner, mais non créer où il n'existe pas. Telle personne lit d'un regard une page entière, telle autre lit à peine une ligne.

D. Expliquez-moi le mot TONALITÉ (*).

R. Lorsque l'on s'est rendu compte du TON d'une mélodie par le nombre et l'espèce des signes mis à la clef, soit dièses, soit bémols, lorsque l'on a constaté le MODE par ces mêmes signes ou par la note sensible accidentelle, lorsqu'enfin on a appliqué toutes les règles précitées, on a fixé la TONALITÉ de cette MÉLODIE. Par exemple, on dit : Ce morceau est en *la*; ce n'est point *la* mineur, il y a trois dièses à la clef; ce n'est point *fa* dièse mineur, le *mi* dièse n'y est pas; c'est donc *la* majeur, puisque la première tierce de cette gamme, composée de deux tons par l'effet de l'*ut* qui est diésé à la clef, est majeure. C'est ainsi que l'on établit d'une manière positive cette TONALITÉ.

D. Vous m'avez expliqué ce que signifie le mot MÉLODIE; dites-moi maintenant ce que vous entendez par le mot HARMONIE.

R. La mélodie ne comprend jamais qu'une seule partie. Lorsque deux ou plusieurs voix, deux ou plusieurs instruments exécutent en même temps des MÉLODIES différentes, écrites, toutefois, dans des rapports calculés et méthodiques qui doivent flatter l'oreille, il y a ce que l'on appelle HARMONIE.

D. Dans toutes les mélodies, procède-t-on toujours d'une même manière à la succession des sons ?

R. On procède différemment, suivant que l'on fait emploi de l'un des trois genres, qui sont : le genre DIATONIQUE, le CHROMATIQUE et l'ENHARMONIQUE.

D. Qu'est-ce que procéder par le genre DIATONIQUE ?

R. C'est régler la marche d'une mélodie par tons et demi-tons naturels, comme, par exemple, la gamme en montant et en descendant. C'est aussi passer d'un ton dans ceux qui lui sont relatifs, c'est-à-dire qui lui empruntent une de ses notes pour se constituer, comme d'*ut* en *fa*, d'*ut* en *la*, d'*ut* en *sol*, etc. Ce genre est celui qui s'emploie le plus communément (**).

D. Qu'est-ce que procéder par le genre CHROMATIQUE ?

R. C'est procéder par demi-tons successifs en montant ou en descendant, soit que l'on rapproche les intervalles à l'aide de dièses ou de bémols. Ce genre est d'une difficile exécution pour les voix comme pour les instruments, parce qu'il exige une grande justesse d'intonation, une égalité parfaite et beaucoup de netteté; il ne s'emploie qu'accidentellement et pour ajouter à l'effet.

D. Qu'est-ce que procéder par le genre ENHARMONIQUE ?

R. C'est substituer une note à une autre note sans changer d'intonation, comme,

---

(*) Ce mot ne se trouve ni dans J.-J. Rousseau, ni dans aucun dictionnaire; mais comme il est en usage parmi les artistes, c'est ce qui m'a déterminé à essayer de l'expliquer ici.

(**) Sur les instruments, ceux à cordes particulièrement, on répète souvent plusieurs fois le même passage, en montant ou en descendant du même doigt, suivant la conformation du trait, cela s'appelle monter ou descendre *diatoniquement*.

par exemple, l'*ut* ♯ dièse au *ré* ♭ bémol, le *sol* ♯ dièse au *la* ♭ bémol, le *si* ♭ bémol au *la* ♯ dièse, et réciproquement (voir le Tableau comparatif, page 31) (*).

D. Dans quelles circonstances emploie t-on le genre ENHARMONIQUE?

R. Lorsqu'après plusieurs modulations on a besoin de rentrer promptement dans le ton primitif sans passer par les divers tons intermédiaires, on peut, si l'on est dans un ton avec des dièses, passer instantanément, sans que l'intonation soit altérée, dans le ton bémol correspondant (voir le Tableau comparatif) par le moyen de l'EN- HARMONIE. Comme on le voit, ce genre est rarement employé, et ne l'est ordinaire- ment que pour produire un effet inattendu, une surprise.

MODÈLE DES TROIS GENRES DIATONIQUE, CHROMATIQUE ET ENHARMONIQUE.

(*) Ce genre est plus difficile encore que le précédent sous le rapport de la justesse. Cette difficulté naît de ce qu'en réalité l'*ut* ♯ est plus haut que le *ré* ♭; l'*ut* ♯ tend à monter au *ré* naturel, le *ré* ♭ au contraire est appelé à l'*ut* par l'oreille. C'est cette disposition constante des degrés sur lesquels portent les *enharmonies* qui explique la différence qui existe entre eux, et le soin extrême qu'exige leur exécution. Ce soin consiste à réduire à un seul et même son les deux qui doivent produire l'*enharmonie* en opérant sur chacun d'eux une légère altération qui les amène au point de *synonymie*, si non parfaite, du moins à peu près satisfaisante. Les passages *enharmoniques* bien exécutés sont de ceux qui prouvent le plus évidemment l'habileté des chanteurs, ou des instrumentistes qui y ont concouru.

(**) La gamme chromatique, par dièses ou par bémols, contient (non compris l'octave) douze sons.

Genre enharmonique (*)

CHAPITRE XII.

De la Transposition.

D. Quelle utilité y a-t-il à changer le ton dans lequel une MÉLODIE a été composée?

R. On ne transpose à-peu-près que pour les voix, rarement pour les instruments. La transposition nuit toujours à l'effet d'un morceau qu'elle dénature en le déplaçant. On ne transpose guère qu'à un DEMI-TON, UN TON ou DEUX TONS au-dessus, un DEMI-TON, UN TON ou DEUX TONS au-dessous, pour rendre le morceau plus accessible à la voix qui doit l'exécuter.

D. Comment appelle-t-on l'action de changer le ton d'une mélodie et des parties qui en forment l'accompagnement?

R. On appelle cela TRANSPOSER.

D. Combien y a-t-il de manières de transposer?

R. Deux. La plus facile est de récrire le chant et les accompagnements dans le nouveau ton dont on a fait choix; l'autre, beaucoup plus difficile, est d'opérer cette transposition en même temps qu'on exécute le morceau; c'est ce qu'on appelle TRANSPOSER A LIVRE OUVERT.

(*) On a cru devoir donner ce dernier exemple en harmonie réelle et complète afin de le rendre plus positif et plus concluant. Les points indiquent les notes qui produisent les *enharmonies* au nombre de quatre: *la* bémol et *sol* dièse; *fa* naturel et *mi* dièse; *si* naturel et *la* double-dièse; *si* dièse et *ut* naturel. Le clavecin, le piano, l'orgue, produisent les enharmonies par une seule touche, comme *ut* dièse et *ré* bémol; *sol* dièse et *la* bémol, etc. La harpe les exprime aussi par une seule pédale, mais est-ce toujours parfaitement juste? C'est à une oreille délicate et exercée à prononcer sur cette question.

D. Par quel procédé parvient-on à lire ainsi, sans préparation, un morceau dans un ton différent de celui dans lequel il est écrit?

R. Par une opération de l'esprit qui consiste à substituer EN IDÉE, à la clef et aux signes qui y sont portés, une clef qui donne à la tonique le nom du nouveau ton et des signes qui déterminent ce même ton.

D. Est-il toujours nécessaire de changer à la fois la clef et les signes qui peuvent s'y trouver?

R. Lorsque le morceau n'est transposé que d'un *demi-ton* mineur *au-dessus* ou *au-dessous* du ton écrit, il faut maintenir la clef et ne changer que les signes qui l'accompagnent.

D. Quels changements doit-on apporter aux signes de la clef quand on veut hausser le morceau d'un demi-ton mineur?

R. Supposer à la clef des dièses en nombre suffisant pour hausser la note sensible, et conséquemment la tonique d'un demi-ton mineur.

D. Citez un exemple.

R. En admettant qu'un morceau soit écrit en MI *bémol majeur* et qu'on veuille l'exécuter en MI *naturel*, il faudra substituer mentalement quatre dièses aux trois bémols qui sont à la clef, afin d'élever d'un demi-ton le *ré* pour le rendre note sensible de *mi*.

D. Et lorsqu'on veut baisser le morceau d'un demi-ton mineur?

R. Il faut faire l'opération inverse, c'est-à-dire supposer à la clef des bémols en nombre suffisant pour baisser la note sensible et la tonique d'un demi-ton mineur. Ainsi, le morceau étant en LA *naturel*, pour l'exécuter en LA *bémol*, substituer aux trois dièses de la clef quatre bémols.

D. Quand est-il nécessaire de changer à la fois les signes et la clef?

R. Lorsqu'on veut transposer un morceau un ou *deux* tons, ou même seulement un *demi-ton majeur* au-*dessus* ou au-*dessous* de celui dans lequel il a été composé.

D. Expliquez la nature des changements qu'il convient de faire *mentalement* à la clef.

R. Il faut d'abord chercher la clef qu'il convient de substituer à celle du morceau, pour changer la dénomination des notes et imposer à la tonique le nom du nouveau ton. Ce ton se détermine ensuite en supposant à la nouvelle clef les signes nécessaires. Ainsi, par exemple, on suppose qu'il faille transposer en RE *majeur* un morceau composé en UT *naturel majeur* (ce qui est la transposition à un ton au-dessus), et écrit pour la clef de *sol* ; pour donner à la tonique *ut* le nom de la tonique *ré*, ce qui entraînera un changement analogue dans toutes les autres notes de la gamme (qui devront toutes aussi être haussées d'un ton), il conviendra de remplacer la clef de *sol* 𝄞 par la clef d'*ut* 𝄡 sur la troisième ligne ; puis, pour établir le ton de RÉ *majeur*, de supposer *deux dièses* à cette dernière clef. On peut alors exécuter le morceau comme s'il était réellement écrit en *ré* avec la clef d'*ut* troisième ligne.

D. Vous m'avez parlé de la transposition à un *demi-ton majeur* en *dessus* ou en *dessous* ; n'avez-vous aucune explication à me donner à cet égard ?

R. Cette transposition a cela de particulier qu'elle peut être d'un *demi-ton majeur* en *dessus* ou d'un *demi-ton mineur* également *en dessus*, suivant le choix dicté par le besoin du plus de facilité possible dans l'exécution. Par exemple, on veut transposer d'un *demi-ton au-dessus* un morceau écrit en *ut* naturel majeur ; on peut choisir, pour atteindre le but désiré, le ton d'*ut* ♯ dièse majeur, qui n'exige point de changement de clef, ne demande que l'apposition de sept dièses à la clef, ou bien le ton de *ré* ♭ bémol majeur, qui exige un changement de clef, mais n'entraine à cette clef que cinq bémols. Dans le premier cas, vous transposez d'un *demi-ton mineur* en *dessus*, dans le second cas d'un *demi-ton majeur* en *dessus*, et vous choisissez ce dernier comme vous donnant absolument le même résultat et étant beaucoup moins difficile d'exécution que le précédent. Dans le sens inverse, si un morceau est en MI *naturel majeur*, avec quatre dièses à la clef, et que l'on veuille le transposer d'un *demi-ton* en *dessous*, on ne choisira certainement pas le ton de *ré* ♯ dièse majeur, qui demanderait un changement de clef et deux doubles-dièses à cette clef (voyez le Tableau comparatif, page 31), et on prendra le ton de *mi* ♭ bémol qui abaissera le morceau d'un *demi-ton mineur*, n'obligera point à changer la clef, et substituera simplement trois bémols aux quatre dièses du morceau.

D. Cette transposition est donc facultative ?

R. Par ce qui vient d'être dit, on a dû voir qu'elle est soumise à un choix judicieux qui doit toujours avoir pour but de rendre l'exécution le plus facile possible. Il faut en outre remarquer que l'on ne peut transposer de manière à rendre majeur ce qui est mineur, ou mineur ce qui est majeur ; cette altération n'est point admissible.

Autres exemples de transpositions.(*)

(*) Par ces exemples, on verra qu'il est absolument nécessaire de connaître toutes les clefs, puisqu'elles peuvent être toutes employées suivant le cas et par rapport à chacune des parties

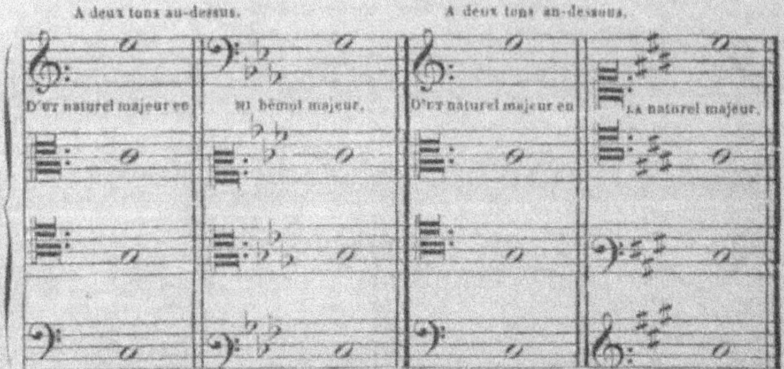

CHAPITRE XIII.

Des Signes employés pour ajouter à l'expression du chant ; des Signes de renvoi
et de transposition d'octave.

D. Quels sont les signes qui ajoutent à l'expression du chant ?

R. Il y en a de plusieurs sortes, savoir : la syncope ⌐, le point d'orgue ⌢, les petites notes, que l'on indique souvent de cette manière ∿, les points • • • • • • • •, les accents ! ! ! ! ! ! ! !, les coulés ⌢, ⌢, les chevrons simples et doubles ⊃ ⊂ ⊂⊃ Λ, et le trille ÷ *tr*, improprement appelé *cadence* (*).

D. Qu'est-ce que la *syncope* ?

R. La *syncope* est produite par le prolongement sur le temps fort d'un son commencé sur le temps faible, ou sur la partie faible du temps précédent ; ainsi toute note et toute suite de notes syncopées est une marche à contre-temps établie sur une basse qui marche à temps réguliers. La syncope s'opère avec toutes les valeurs de notes ; elle ne s'applique ordinairement qu'à une seule partie, jamais à plus de deux à la fois, rarement à la basse, dont elle détruit la mission qui est de marquer régulièrement la mesure. La syncope se pose sur deux notes du même nom, dont la première seulement doit être articulée ; la seconde doit être soutenue en l'appuyant seulement d'une légère inflexion, soit avec la voix, soit avec un instrument quelconque. Quand la syncope est renfermée dans la mesure, il n'est pas besoin de signe particulier pour l'exprimer ; elle résulte naturellement de la valeur donnée à la note syncopée qui force l'exécutant à la dire à contre-temps, comme cela vient d'être

accompagnant un morceau, toujours en se subordonnant à celle d'entre elles qui a demandé la transposition, soit en dessus, soit en dessous.

(*) Il y a d'autres indications encore qui sont exprimées par des termes italiens, dont l'explication sera donnée à la table de ces mots.

expliqué. Le signe ⌒ n'est donc employé que pour unir la note du temps faible d'une mesure à la note du temps fort de la mesure suivante.

Exemples de syncopes

D. Qu'est-ce que le POINT-D'ORGUE?

R. C'est un point surmonté d'un demi-cercle que l'on place au-dessus d'une note ou d'un silence pour indiquer, lorsqu'on le pose sur une note, qu'il faut en prolonger le son un certain temps au-delà de sa valeur; et, lorsqu'on le place au-dessus d'un silence, qu'on peut observer un repos indéterminé.

etc.

D. Que signifie ce signe ⌇ mis à la fin d'une ligne de musique?

R. Ce signe se nomme GUIDON. S'il est placé sur l'*ut*, ou le *sol*, ou le *ré*, cela signifie que la ligne suivante commence par l'*ut*, ou par le *sol*, ou par le *ré*; il prépare donc l'œil à lire sans hésiter la note qui commence la ligne suivante. Ce signe est peu usité maintenant et ne se trouve que dans les anciennes musiques.

D. Que signifie ce signe ↝?

R. Il représente un groupe de petites notes qu'on nomme *brisé*; elles sont de moitié plus petites que les autres; on les nomme aussi NOTES D'AGRÉMENT, PORTS-DE-VOIX,

NOTES DE GOUT, ORNEMENTS. Elles se chantent sans jamais se nommer; elles ne comptent point comme valeur dans la mesure, et prennent ordinairement une partie de celle de la note devant laquelle on les place. Leur nombre, leurs dessins varient à l'infini; mais celles que représente ce signe sont ordinairement au nombre de quatre.

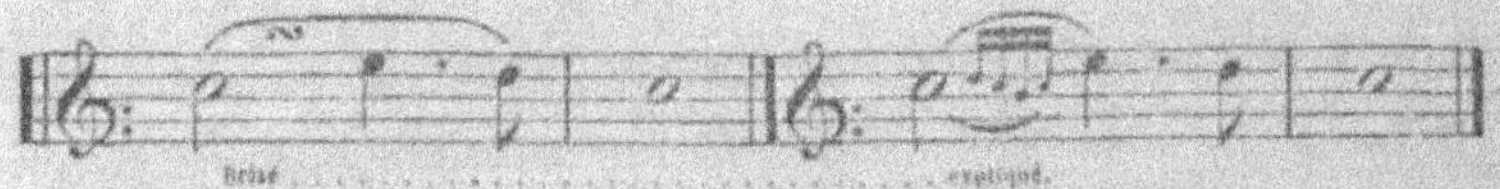

Elles font entendre la note supérieure et la note inférieure, comme on le voit par l'exemple *expliqué* ci-dessus. Les petites notes ne se détachent jamais; elles doivent toujours être liées. La liaison doit toujours indiquer exactement la grosse note à laquelle les petites appartiennent, attendu qu'elles se placent tantôt avant, tantôt après.

D. A quoi servent les points . . . . et les accents ' ' ' ' placés sur les notes ?

R. Les points servent à indiquer qu'il faut que les notes soient attaquées nettement, de manière à les détacher les unes des autres ; mais ces points s'emploient plus particulièrement pour les instruments à archet. Ils sont ordinairement recouverts d'une liaison, laquelle annonce qu'il faut, d'un seul coup d'archet en poussant ou en tirant, articuler toutes les notes comprises sous la liaison. Les accents indiquent que les notes ainsi marquées doivent être détachées les unes des autres par des coups d'archet alternativement tirés et poussés.

D. A quoi sert ce signe cintré ⌒, et comment se nomme-t-il ?

R. Il se nomme LIAISON, et sert à indiquer qu'il faut lier deux, ou quatre, ou tout autre nombre de notes pour adoucir le passage de l'une à l'autre.

D. À quoi servent les chevrons ⟨ ⟩ ⟨⟩ ?

R. Le chevron se place sous une ou plusieurs notes. Celui qui est fermé à gauche et ouvert à droite ⟨ indique que le son doit être ménagé du faible au fort ; celui qui est ouvert à gauche et fermé à droite ⟩ indique que le son doit procéder du fort au faible ; celui qui est fermé à gauche, ouvert au milieu et fermé à droite ⟨⟩ indique qu'il faut que le son soit gradué du faible au fort, puis diminué de même du fort au faible. Ceux qui se mettent en dessus ʌ ont la même signification, ils s'emploient dans la musique de piano ou de harpe comme occupant moins de place.

D. Qu'est-ce que le TRILLE, +, *tr* ?

R. Le dernier de ces signes, *tr*, le seul que l'on emploie maintenant, désigne l'ornement que l'on place à la fin d'une phrase, d'un *solo*, sur un point-d'orgue à une ou à deux parties, à distance d'une tierce l'une de l'autre. Il consiste à faire entendre avec vitesse et égalité le battement alternatif de la note supérieure et de la note sur laquelle est placé *tr*. Dans tous les cas, cet ornement, le plus difficile de tous à exécuter avec perfection, doit toujours être préparé par la note supérieure et terminé par la note inférieure, comme l'exemple ci-dessous le démontrera. Le trille n'est jamais que d'un ton ou d'un demi-ton, suivant le cas.

On indiquait aussi le trille autrefois par ce signe ∿ placé au-dessus des notes ; mais ce n'était alors qu'une sorte de tremblement, de chevrotement sans préparation, sans terminaison, et d'un effet plus choquant qu'agréable.

D. Qu'entend-on par SIGNES DE RENVOI : 𝄋, ※, ⁂, etc. ?

R. Ces signes sont des abréviations. Ils indiquent à l'exécutant qu'il doit se reporter d'une partie d'un morceau (déjà exécutée) à une autre partie en tête de laquelle est le même signe correspondant qui le conduit jusqu'au mot *Fin*. On évite par ce moyen l'obligation de transcrire plusieurs fois les parties du morceau qu'il convient de répéter.

D. À quoi servent les barres verticales simples ou doubles, mises sur les portées ?

R. Les simples servent à séparer d'une manière positive et visible les mesures les unes des autres. Les doubles, beaucoup plus grosses, annoncent la fin d'une reprise ou période musicale, ou celle d'un morceau.

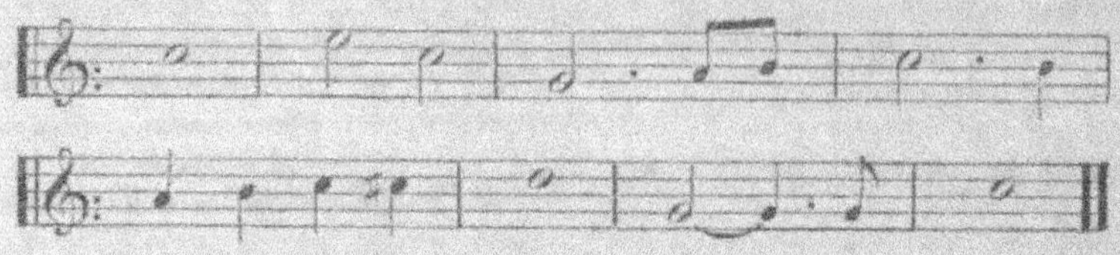

D. A quoi servent les points mis avant ou après les doubles-barres ?

R. A indiquer, suivant leur position, qu'il faut dire une seconde fois la reprise qui vient d'être dite, ou qu'il faudra dire deux fois la suivante.

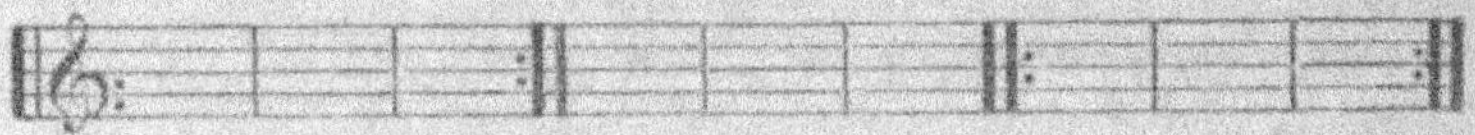

D. Que veut dire ce signe 8........................ ?

R. Il indique que toutes les notes écrites au-dessous doivent s'exécuter une octave plus haut qu'elles ne sont écrites. On n'emploie ce signe que dans les parties instrumentales afin d'éviter de multiplier les lignes additionnelles, et de rendre plus facile la lecture des passages écrits dans les tons aigus. Quelquefois ce signe indique qu'il faut baisser un passage d'une octave ; mais après l'abréviation 8ve (octave), on ajoute le mot *basse*, qui veut dire une octave au-dessous de ce qui est écrit. Ce cas est rare. A la fin du signe, on ajoute le mot italien *loco* (lieu), qui veut dire que ce qui suit doit être exécuté tel qu'il est écrit.

CHAPITRE XIV ET COMPLÉMENTAIRE.

D. Pourquoi place-t-on les dièses ou les bémols à la clef ?

R. Pour s'épargner la peine de les écrire chaque fois que reparaissent les notes qui les demandent ; il est bien entendu que les notes diésées ou bémolisées à la clef sont ainsi diésées ou bémolisées partout, jusqu'à la fin du morceau. Lorsqu'un nouveau signe d'altération autre que ceux de la clef apparaît, ce signe n'a d'action que dans la mesure où il est renfermé ; dans la mesure suivante, les signes de la clef reprennent leur action exclusive.

D. Les dièses, les bémols, les bécarres n'ont-ils d'autres fonctions à remplir que celles de hausser, de baisser ou de rétablir les notes ?

R. Chaque fois que l'on introduit un nouveau signe (soit un dièse, soit un bémol, soit un bécarre), ou que l'on retranche l'un d'eux, on change de ton et souvent de mode : cela s'appelle *moduler*. Le mot *modulation* est l'expression de l'action consommée de *moduler*.

D. Que signifie le mot TRANSITION ?

R. Il signifie le passage brusque et sans préparation, du moins apparente, d'un ton dans un autre ton très éloigné, comme, par exemple, d'*ut* naturel majeur en *la* ♭ majeur.

D. Y a-t-il un moyen sûr et uniforme de trouver le ton dans lequel on est avec telle ou telle quantité de dièses ou de bémols à la clef ?

R. Il y en a trois en usage ; l'un consiste à regarder la dernière note d'un morceau comme l'expression du ton dans lequel il est écrit ; mais c'est une grave erreur. Chaque ton renferme un accord parfait ; chaque accord parfait est composé de la tonique, de la tierce et de la quinte de la gamme de ce ton ; un morceau peut finir par l'une de ces trois notes. Ainsi on se tromperait étrangement en disant : ce morceau est en *mi* ou en *sol*, parce qu'il finit par *mi* ou par *sol*, tandis qu'il est réellement en *ut*, dans l'accord parfait duquel se trouvent *mi* et *sol* ; ce moyen est donc vicieux.

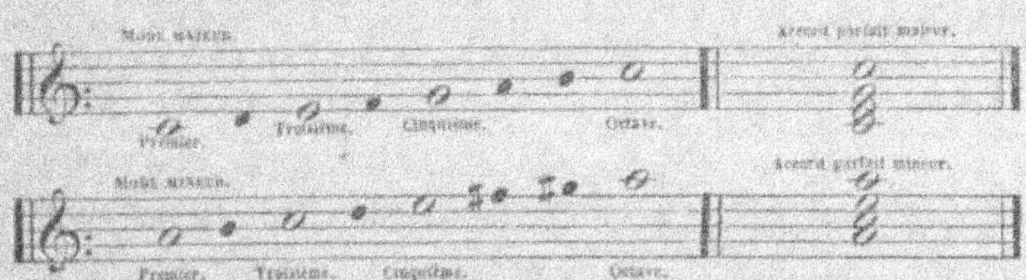

Le second moyen (indiqué et développé au chapitre X, pages 28 et 29) consiste à chercher la tonique, dans les tons majeurs avec des dièses, un degré au dessus du dernier dièse placé à la clef (voir le Tableau, page 29) ; un degré au-dessous du dernier dièse placé à la clef, dans les tons mineurs avec des dièses (*idem*) ; dans les tons majeurs avec des bémols, quatre degrés au-dessous du dernier bémol placé à la clef (*idem*) ; six degrés au-dessous du dernier bémol placé à la clef, dans les tons mineurs avec des bémols (*idem*). Ce moyen est sûr. Il en est un troisième qui consiste à partir d'*ut*, qui est le premier des tons majeurs, dièses ou bémols, et à compter par quintes en montant pour les dièses, et, en partant d'*ut* également, à compter par quintes en descendant, ainsi que cela est indiqué aux deux Tableaux, pages 20 et 22.

D. Vous dites que le ton d'*ut* naturel est le premier de tous les tons majeurs : quel est le premier de tous les tons mineurs ?

R. C'est le ton de *la* naturel.

D. Que signifie *ton naturel*, et combien y en a-t il ?

R. Cela signifie qu'il n'y a ni dièses ni bémols à la clef ; il n'y en a que deux dans ce cas : ce sont les tons d'UT *naturel majeur*, et de LA *naturel mineur*.

D. Comment faut-il qu'une note soit pour qu'on puisse mettre un dièse ou un bémol devant ?

R. Il faut qu'elle soit naturelle.

D. Comment faut-il qu'une note soit pour qu'on puisse mettre un bécarre devant?

R. Il faut qu'elle soit diésée ou bémolisée.

D. Peut-on mettre en même temps des dièses et des bémols à la clef?

R. Non. Cela ferait confusion.

D. Y a-t-il d'autres signes d'altération que le dièse, le double-dièse, le bémol, le double-bémol et le bécarre?

R. Non.

D. Ne peut-on les employer qu'à la clef?

R. On peut à volonté les employer accidentellement; mais principalement quand on veut passer d'un mode majeur à un mode mineur. La note sensible d'un mode mineur est précisément la quinte altérée du mode majeur dont il est relatif; or, comme tout accord parfait doit avoir sa quinte juste, dès qu'un signe vient altérer cette quinte, l'accord parfait est détruit. UT *majeur* a pour relatif LA *mineur*; la quinte juste de l'accord parfait d'*ut* est SOL *naturel*; la note sensible de LA *mineur* est SOL *dièse*. Il est évident qu'aussitôt que le SOL *dièse* paraît, il détruit la quinte juste d'*ut*, et fait régner le ton de *la* en place de son relatif majeur *ut*. Cette explication s'applique également à tous les tons.

D. Le dièse accidentel sert à hausser le septième degré dans les modes mineurs pour le rendre note sensible; mais à quoi sert le double-dièse accidentel?

R. A hausser d'un demi-ton le septième degré qui est déjà diésé à la clef, comme on peut le voir au Tableau, page 29.

D. A quoi sert le bécarre accidentel?

R. A hausser d'un demi-ton le septième degré qui est bémolisé à la clef.

D. Qu'est-ce que DÉTONNER?

R. C'est sortir du ton, c'est chanter ou jouer faux, trop haut ou trop bas, ou d'une manière qui n'est pas moins pénible pour une oreille délicate, et qu'on nomme douteuse (**12**).

D. Qu'entendez-vous par l'APLOMB?

R. L'APLOMB, en musique, consiste dans la sûreté dans la mesure, l'égalité dans le mouvement, du commencement à la fin d'un morceau. Cette perfection est rare, parce que l'APLOMB dépend de la chaleur, de l'équilibre, de la vitesse du sang, de la susceptibilité nerveuse qui, chez les individus, varient autant que les physionomies.

D. Qu'est-ce qu'un MÉTRONOME?

R. C'est une sorte d'horloge applicable à la musique; son but est de donner d'une manière fixe, certaine, invariable, toutes les nuances appréciables du mouvement depuis le plus lent jusqu'au plus vite (**13**).

D. Que signifie le mot ACCOLADE?

R. L'ACCOLADE est un trait vertical placé à gauche d'une page de musique, fortement prononcé, et qui embrasse, deux, trois, quatre portées, ou toutes celles de la page. Ce trait signifie que toutes les parties qu'il réunit doivent partir, marcher et finir en même temps. L'ACCOLADE forme ce que l'on appelle LA PARTITION, c'est-à-dire la réunion de toutes les parties qui concourent à la formation d'un morceau de musique.

D. Que signifient les mots ACCOMPAGNEMENT, ACCOMPAGNATEUR?

R. L'ACCOMPAGNEMENT ou les ACCOMPAGNEMENTS sont les divers dessins dont un compositeur entoure son chant principal pour en augmenter le charme ou la force, la grâce ou l'expression. L'art consiste à les rendre intéressants, sans cependant qu'ils étouffent sous des ornements ambitieux la pensée première qu'ils doivent seconder, fortifier, mais qu'il ne doit jamais couvrir. Le mot accompagnateur a deux acceptions; sous la première, il désigne celui qui accompagne à l'orchestre, au théâtre, au concert, à la chapelle, au salon, les voix ou les instruments solos; son talent est l'art de les suivre dans tous leurs écarts, qu'ils pressent ou retardent, qu'ils passent des mesures ou ajoutent des temps : c'est à vrai dire, l'art de *ne point aller en mesure*. L'ACCOMPAGNATEUR, dans ce cas, doit être doué d'une grande souplesse, d'une PRÉCISION scrupuleuse, et s'effacer entièrement pour laisser à découvert la voix ou l'instrument principal. Dans la seconde acception, l'ACCOMPAGNATEUR, pris isolément, n'est plus esclave, il est maître. Il dirige les élèves, forme leur goût, leur enseigne à phraser, rectifie leur mesure, leur justesse, leur donne de l'aplomb, de la chaleur, de l'énergie, leur conseille les bons choix, en explique les beautés, et souvent, par ses soins, forme d'excellents sujets.

D. Qu'entendez-vous par le mot PRÉCISION?

R. La PRÉCISION, en musique, consiste à arriver juste avec la mesure, ou la parole. Sans mesure comme sans justesse il n'y a point de musique; l'accompagnement doit suivre le chant, sans doute, ou tout autre instrument qui récite; mais cette partie récitante doit être elle-même l'esclave de la mesure; les prétextes pour s'en affranchir sont nombreux, mais tous plus ou moins inadmissibles. La véritable précision, qui n'admet point de fausse complaisance, veut que l'on arrive juste sur le temps qu'il faut saisir avec vivacité, finesse, aplomb, non pas avant, comme le font ceux qui pressent par étourderie, emportement, ou inexpérience; non pas après, comme le font systématiquement ceux qui croient prouver la supériorité de leur aplomb en n'arrivant jamais qu'une double-croche après la mesure ou après le temps. Cette erreur désorganise, glace; la PRÉCISION est la qualité la plus précieuse dans une réunion d'exécutants.

CHAPITRE XV.

Liste, par ordre alphabétique, de tous les mots italiens usités en musique, et leur explication (14).

A.

ADAGIO (*), doucement. Il s'emploie pour *lent*.

ANDANTE (15), lent moyen. Moins lent que le précédent.

ANDANTINO, diminutif du précédent. Un peu moins lent que *andante*.

ALLÉGRO OU ALL., signifie positivement *joyeux*; mais on l'emploie en musique pour indiquer un mouvement vif, accéléré. Ce mot est souvent accompagné d'épithètes qui servent à préciser l'intention du compositeur, comme : ALLÉGRO MESTO, vite et tristement; ALLÉGRO FURIOSO, vite avec fureur; ALLÉGRO DISPERATO, vite avec désespoir; ALLÉGRO VIVACE, vite avec vivacité; ALLÉGRO CON BRIO, vite avec bonne grâce; ALLÉGRO BRILLANTE, vite et brillant; ALLÉGRO ASSAI, très vite; ALLÉGRO MOLTO, vite beaucoup; ALLÉGRO CON SPIRITO, ou seulement SPIRITOSO, vite avec esprit; ALLÉGRO CON MOTO, vite avec mouvement; ALLÉGRO AGITATO, vite agile; ALLÉGRO MA NON TROPPO, vite mais pas trop; ALLÉGRO MAESTOSO, vite majestueux. Toutes ces désignations sont prises pour *vite*, avec modification dans le degré de vitesse.

ALLÉGRETTO, diminutif d'ALLÉGRO, moins vite que le précédent.

AD-LIBITUM (emprunté du latin), à volonté.

A PIACÈRE, à volonté, à son bon plaisir.

AGITATO, agité, avec agitation.

ANIMATO, animé.

AFFETTUOSO, affectueux, affectueusement; lent, moyen et tendre.

AMOROSO, amoureux, se prend pour amoureusement; lent moyen.

ASSAI, beaucoup; je l'ai déjà cité.

ATTACA SUBITO, attaquez subitement, de suite, sans délai.

AL SEGNO, au signe; celui-ci %S ou tout autre.

A TEMPO, en mesure, en reprenant son premier mouvement.

A CAPELLA, mouvement vif d'un morceau à deux temps marqués par un C barré ₵, dont la mesure est remplie par une ronde.

A PUNTA D'ARCO, à la pointe de l'archet.

A CAPRICIO, à caprice, à volonté.

APPASSIONATO, passionnément.

ALLA POLACA, à la polonaise.

ACCADEMIA, académie, concert.

ARPEGGIO, ARPEGGIARE, arpège. Arpéger, imiter le jeu de la harpe, faire entendre l'une après l'autre toutes les notes d'un accord quelconque en les articulant de bas en haut et du haut en bas alternativement, comme cela s'exécute sur l'instrument qui a fourni un nom à ce genre d'exercice.

ACCELERANDO, en accélérant.

APPOGGIATURA, appuyement. Petite note fortement appuyée au-dessus ou au-dessous de la grosse note.

ALTO, se prend pour la voix d'homme que nous nommons *haute-contre*, ou pour l'instrument que nous nommons *quinte*.

ARPA, harpe.

ABBREVIATURA, abréviation (16).

B.

BASSO, basse.

BARITONO, basse chantante; elle monte plus et descend moins que la première.

BATTUTA, mesure; UNA BATTUTA, une mesure. Ce mot, pris par son pluriel BATTUTE, signifie la même chose que *sciolte*, déliées. Les notes accompagnées de la première désignation doivent être *détachées* et attaquées avec fermeté.

BRIO, CON BRIO, avec vivacité.

BRILLANTE, brillant.

BREVE, brève; courte.

C.

CANTABILE, chantable, chantant, moyennement lent, presqu'à volonté. Cette indication est très vague.

CON COMODO, ou simplement COMODO, commodément, tout à l'aise.

CON UN ARCATA SOLA, avec un seul coup d'archet.

CON TUTTA LA FORZA, avec toute la force.

CON TUTTA LA DOLCEZZA, avec toute la douceur.

[*] Je place un trait au-dessus de la syllabe longue afin d'en mieux faire saisir la prononciation.

Con tutta l'anima, avec toute l'âme.

Con moto, avec mouvement.

Con un poco più di moto, avec un peu plus de mouvement.

Canto fermo, plain-chant. Chant emprunté de l'Église.

Contra tempo, contre-temps (17).

Con forza, avec force.

Con grazia, avec grâce.

Con anima, avec âme.

Con fierezza, avec fierté.

Con fuoco, avec feu.

Con dolcezza, avec douceur.

Concerto, solo à grand orchestre pour un instrument quelconque.

Canto, chant.

Cembalo, clavecin ou piano.

Capriccio, caprice.

Cadenza, terminaison harmonique d'un morceau ou d'une phrase musicale. Un ton n'est définitivement établi que lorsqu'on a fait entendre sa cadence harmonique, qu'on nomme *cadence parfaite*, et qui se compose de l'accord parfait de la tonique allant à l'accord parfait de sa dominante et revenant à l'accord parfait de la tonique.

Coll' arco, avec l'archet.

Calando (qui vient de *calare*, tomber). Tombant, en affaiblissant.

Con espressione, avec expression; **con tutta l'espress.**, avec toute l'ex.

Con sentimento, avec sentiment.

Con sordine, avec sourdine.

Crescendo, croissant, en augmentant; par abréviation, *cres.*, *cres....il...F.*, *cres....il...moto*, etc., croissant le fort, croissant le mouvement, etc.

Colla parte, avec la partie. Suivez celle qui récite.

Colla voce, avec la voix. Suivez la voix.

Con delicatezza, avec délicatesse.

Cavatina (qui vient de *cavare*, tirer, mettre dehors), on désigne par ce mot un morceau de peu d'étendue, détaché, ou fesant partie d'un autre morceau plus développé, mais toujours d'un caractère, d'un mouvement, et dans un ton différent du reste.

Corona, couronne, point-d'orgue ⌢, nommé aussi **fermata**, point d'arrêt.

Cantata, cantate (18).

Cantatrice, cantatrice. Chanteuse.

Cantanti, chanteurs.

Cantilena, mélodie.

Coro, chœur.

Corno, cor. **Corni**, cors.

Corno da caccia, cor de chasse.

Contr' alto, voix de femme qui descend beaucoup plus bas que la voix ordinaire de ce sexe, et monte beaucoup moins.

Coda, queue, terminaison. Petite reprise que l'on ajoute pour finir un morceau.

Con leggierezza, avec légèreté.

Contra basso, contre-basse, c'est le plus grave de tous les instruments, puisqu'il résonne une octave au-dessous de la basse.

Clarino, clarinette.

Corno di bassetto, clarinette servant de quinte en dessous à la clarinette ordinaire.

Cantino, chanterelle du violon.

Chitarra, guitare.

D.

Diminuendo, diminuant, en diminuant. Par abréviation, *dimi* :

Da capo, à la tête; retournez au commencement. *D. C.* en abrégé.

Dolce, doux.

Duo, duo. Morceau à deux voix, ou à deux instruments.

Duetto, **Duettino**, petit duo.

Decrescendo, décroissant, en diminuant.

Disperato, désespéré.

Deciso, décidé.

Do, *Ut*, première note de la gamme d'ut naturel.

Divise, divisées, à deux voix, à deux instruments.

E.

Espressivo, expressif.

Espressione, expression.

F.

Forte, fort. Par abréviation, *F*.

Fortissimo, très fort. Par abréviation, *FF*.

Furioso, furieux.

Finale, finale, ou final. Dernier morceau d'un opéra ou d'un acte d'ouvrage lyrique (18).

Fieramente, fièrement.

Fa, *fa*, quatrième note de la gamme d'ut.

Fioriture, fleuritures (n'est pas français). Ornements ajoutés au chant.

Flauto (prononcez: fla-o-to), flûte.

Fagotto, **Fagotti**, basson, bassons.

G.

GRAVE, grave, lent soutenu.

GRAZIOSO, gracieux.

GRAZIOSAMENTE, gracieusement. Autre nuance du lent moyen.

GRUPPO. GRUPPETTO, groupe, petit groupe, brisé. Il se compose de la préparation et de la terminaison du trille c'est-à-dire de la note supérieure et de la note inférieure; il se marque par ce signe ∾. Exemple: si le signe est placé sur l'*ut*, la voix ou l'instrument doit faire entendre d'abord le *re* (préparation), ensuite l'*ut*, puis le *si* (terminaison), et faire repos sur l'*ut* ou sur la note qui le suit immédiatement (*). On l'indique par le signe mentionné ci-dessus, ou en petites notes.

GRANDIOSE, grandiose, avec grandeur.

I.

INTRODUZIONE, introduction.

L.

LENTO, lent.

LARGO, lent. C'est le plus lent de tous les mouvements.

LARGAMENTE, largement.

LARGHETTO (LARGHETTO), diminutif de *largo*, moins lent.

LAMENTABILE, lamentable.

LEGATO, LEGATE, lié, liées.

LA, *la*, sixième note de la gamme d'*ut*.

M.

MAESTOSO, majestueux.

MAESTOSAMENTE, majestueusement.

MAESTRO, maître. C'est le nom qu'en Italie on donne spécialement aux compositeurs de musique.

MOLTO, beaucoup.

MOSSO, mû, animé. PIÙ MOSSO, plus animé.

MESTO, triste.

MODERATO, modéré, Mod^to.

MA NON TANTO, mais pas tant.

MINUETTO, TEMPO DI MINUETTO, menuet, Mouvement de menuet.

(*) Voyez l'exemple, page 41.

MEZZO FORTE, demi-fort. *M. F.* en abrégé.

MEZZA VOCE A MEZZA VOCE, à demi voix, à demi-jeu.

MALINCONICO, mélancolique.

MORENDO, en mourant.

MAGGIORE, majeur.

MINORE, mineur.

MENO FORTE, moins fort.

MENO PRESTO, moins vite.

MILITARE, militaire.

MI, *mi*, troisième note de la gamme d'*ut*.

MANDOLINA, mandoline.

MARCIA, marche.

N.

NOBILE, noble.

NOBILMENTE, noblement.

NONETTO, morceau de musique à neuf parties.

O.

OTTAVA, octave. Par abréviation: 8va, 8ve.

OTTAVINA, petite flûte.

OPERA, œuvre; OPERA SERIA, OPERA BUFFA, opéra sérieux, opéra bouffe ou bouffon.

OTTETTO, octuor; morceau à huit parties.

ORGANO, orgue.

OBOE, OBOE, haut-bois.

P.

PRESTO, vite.

PRESTISSIMO, très vite.

PIANO, doux. Par abréviation *P*.

PIANISSIMO, très doux. Par abréviation *PP*.

POCO, POCO A POCO, POCO PIÙ, POCO MENO. Peu, peu à peu; un peu plus, un peu moins.

PIZZICATO (qui vient de *pizzicare*: pincer). Ce qui veut dire qu'il faut faire sonner les notes d'un violon, d'une basse, etc., en les pinçant avec un doigt, au lieu d'employer l'archet.

PARTITURA, partition (ce mot est expliqué page 46. Voyez au mot *accolade*).

PARTE, partie séparée de chant ou d'instrument.

PRIMO, PRIMA, premier, première.

PRIMO TENORE, PRIMA DONA, premier ténore (taille) Première femme (chanteuse, *soprano*, dessus).

PONTICELLO, chevalet. Jouer près du chevalet.

PIÙ, plus, le contraire de *moins*.

PRIMA VOLTA, 1ª V., première fois, 1re f.

PUNTARE, PUNTATE, pointer, pointées; se prend aussi pour exprimer l'action de baisser, ou changer certaines notes trop hautes d'un morceau.

PIANO O FORTE AD LIBITUM, doux ou fort à volonté.

POLACA, polonaise.

Q.

QUARTETTO, QUARTETTI, quatuor, quatuors, à quatre voix, ou à quatre instruments.

QUINTETTO, QUINTETTI, à cinq voix, ou à cinq instruments.

QUARTETTINO, QUINTETTINO, petit quatuor, petit quintette.

R.

RISOLUTO, résolu, résolument.

RE, ré, seconde note de la gamme d'ut.

RINFORZANDO, en renforçant. Par abréviation, *rinf.*

RONDO, dernier morceau, final, morceau d'un mouvement vif divisé en plusieurs reprises, dont chacune, ordinairement, retourne au commencement.

RALLENTANDO, en ralentissant.

RALLENTATE, ralentissez.

RECITATIVO, récitatif, récit, chant mis sur des paroles qui se disent sans mesures. Il y a le récitatif simple qui ne s'accompagne, comme en Italie, que du piano, d'une basse et d'une contre-basse, et le récitatif obligé qui s'accompagne à grand orchestre.

REPLICA, réplique. Répliquer, redire la même reprise ou portion d'un morceau.

S.

SOSTENUTO, soutenu.

STRASCINATO (STRASCINÀTO), tiraillé.

SOTTO VOCE, sous la voix; plus doux, plus piano que la voix.

SFORZATO, SFORZATE, appuyé, appuyez plus fortement. Par abréviation, *sf.*

SEMPLICE, SEMPLICEMENTE, CON SEMPLICITÀ, simple, simplement, avec simplicité.

SENZA SORDINI, sans sourdine.

SCHERZANDO (SKERZANDO), en badinant (de scherzare, badiner).

SMORZANDO, en éteignant (de smorzare, éteindre).

SCIOLTE, déliées, détachées (de sciogliere, délier).

SOPRA, SOPRA UNA CORDA SOLA, sur, sur une corde seule.

SOLO, A SOLO, seul, à un seul.

SOL, cinquième note de la gamme d'ut.

SI, septième note de la gamme d'ut.

SUBITO, de suite, tout de suite.

SESTETTO, sextuor, à six voix, ou à six instruments.

SETTETTO, septuor, à sept voix, ou à sept instruments.

SINFONIA, symphonie, ouverture, morceau de musique instrumentale à grand orchestre.

SEMPRE FORTE, SEMPRE PIANO, toujours fort, toujours piano. SEMPRE FORTISSIMO, SEMPRE PIANISSIMO, toujours très fort, toujours très piano.

SECONDA VOLTA, 2ª V., seconde fois, 2de f.

SCALA, échelle, escalier. Se prend ici pour gamme.

SEGUE (de seguire, suivre). Lorsque la première mesure d'un passage est accentuée d'une certaine manière, et que sous la seconde se trouve le mot segue, cela veut dire *suivez* (ou qu'il suive), dans toutes les autres mesures, le dessin établi dans la première, jusqu'à ce qu'un nouveau vienne le remplacer.

SUONATORE, joueur d'instrument.

SONATA, sonate. Solo avec accompagnement de basse seulement.

SERENATA, sérénade.

STRETTO, ou STRETTA, le resserré. Le point où le motif d'un morceau se resserre, soit par la manière dont il est écrit, soit par le degré de vitesse que l'on ajoute à son exécution.

STRINGENDO (de STRINGERE, restreindre, resserré). En serrant, en accélérant peu à peu le mouvement.

T.

TEMPO GIUSTO, mouvement juste entre le vite et le lent.

TENUTE, tenues. Notes tenues, notes soutenues. Par abréviation: *ten.*

TACETE, taisez-vous, ne jouez pas. On écrit improprement *tacet*.

TREMOLO, tremblement.

TERREMOTO, *il terremoto*. Le tremblement de terre (*Haydn*).

TEMA, thème.

TEMA CON VARIAZZIONI, thème avec variations.

TEMPO DI MINUETTO, DI MARCIA, mouvement de menuet, de marche.

TREMENDO, en tremblant.

TUTTI, tous.

TRIO, TERZETTO, TERZETTINO, à trois voix, à trois instruments, petit trio.

TROMBA, trompette, TROMBETTA, trompette, clairon.

TROMBONE, trombone, instrument de cuivre à coulisse.

TEMPO PRIMO, premier mouvement, celui qu'on doit reprendre après en avoir changé quelque temps. Par abréviation : T° 1°.

TRILLO, trille; ornement du chant (voyez page 43).

TASTO SOLO, touche seule, pédale (19).

U.

UNO, un

UN POCO PIÙ LENTO, un peu plus lent.

UN POCO PIÙ PRESTO, un peu plus vite.

UN'ALTRA VOLTA, une autre fois, encore une fois.

V.

VIVACE, vivement.

VOLTI SUBITO, tournez subitement, promptement. Par abréviation, *V. S.*

VOLTATE, tournez.

VOLTA, 1ª Vª, 2ª Vª, fois, première fois, seconde fois; 1re f., 2de f.

VIOLINO; VIOLINO PRIMO, V° 1°; VIOLINO SECONDO, V° 2°; violon; premier violon, 1er V.; second violon, 2d V. VIOLINO PRINCIPALE, violon principal.

VIOLA, l'instrument que nous nommons quinte, ou alto.

VIOLONCELLO, violoncelle, basse chantante.

VARIAZZIONE, variation.

VIVO, vif, vite.

VOLATA, VOLATE, roulade, roulades.

NOTES.

(1) La syllabe Dô est empruntée, dit-on, parce que sa prononciation est plus ouverte que celle de l'ut; mais alors il fallait aussi changer les noms du ré, du sol et du mi, qui sont beaucoup plus étouffés que celui de l'ut. Cet emprunt ne paraît donc pas suffisamment justifié, attendu que, lorsqu'on commence à solfier, il n'est nullement question de vocaliser, et que, dans ce dernier cas, on ne nomme point les notes, puisque la plupart des exercices de vocalisation se fait sur la voyelle *a*.

(2) *Liste de tous les instruments de musique usités de nos jours.*

INSTRUMENTS A CORDES DE BOYAU.

Pochette, petit violon d'un pied de long environ, de deux à trois pouces de large, à l'usage des maîtres de danse qui s'en servent pour donner leçon. Ce nom lui vient sans doute de ce qu'il peut facilement se mettre dans la poche.
Le *violon*.
La *quinte* (ou *alto*, ou *viola*).
La *basse* (ou *violoncelle*).
La *contre-basse* (il y en a à trois et à quatre cordes qui se montent en quintes; en Italie on les monte en quartes).
La *viole d'amour*.
La *harpe*.
La *guitare*.
La *lyre*.
Harpe-lyre.
Le *dital*.
La *ruelle*.

A CORDES DE MÉTAL.

Le *clavecin* (n'est plus en usage maintenant).
Le *piano* (carré, à queue, ou droit).
La *mandoline*.
Le *clavicorde* (celui-ci est à lames d'acier).

EN VERRE.

L'*harmonica*.

A VENT (en bois).

La *flûte*.
La *flûte de Pan* (à sept tuyaux).

La *petite flûte*.
Le *fifre*.
Le *galoubet*.
Le *flageolet*.
La *clarinette* (à trois corps de rechange, *ut*, *si* et *la*).
La *petite clarinette* (dite en *fa*).
Le *corno di bassetto* (clarinette alto, une quinte au-dessous de la première).
La *clarinette basse* (descendant une octave plus bas que la clarinette en *si*).
Harmoniphon, instrument à clavier et à vent, imitant le haut-bois, d'un effet fort agréable; inventé par M. Paris.
Le *haut-bois*.
Le *cor anglais*.
Le *basson*.
Le *basson quarte* (une quarte au-dessus du précédent).
Le *serpent*.
La *musette ancienne*.
La *musette nouvelle*, se jouant comme le haut-bois.

A VENT (en cuivre).

Le *cor*.
Le *cor à piston*.
Le *cor* (ou la trompe) *de chasse*.
Le *clairon*.
Le *clairon* (ou cornet de régiment).
Le *cornet à piston* (ou trompette à piston).
Cornet à piston, instrument de cuivre moderne à deux ou trois pistons; il a quelques beaux sons, mais il est essentiellement faux de sa nature.
La *trompe*.
Le *buccin*.
Le *trombonne* (*alto*, haute, clef d'*ut* troisième ligne; *ténore*, moyenne, clef d'*ut* quatrième ligne; *basso*, basse, clef de *fa* quatrième ligne).
Trombonne à pistons.
L'*ophicléide* (remplaçant avec avantage le serpent).

A SOUFFLET.

Panharmonicon, imitant l'effet d'un orchestre complet; instrument de l'invention de M. Maelzel, auquel on doit aussi le métronome.
Mélophone, instrument dont la première application a été faite dans l'opéra de Guido et Ginevra, de M. Halévy.

L'*orgue.*
L'*orgue* (dit de barbarie, ou vielle organisée).
L'*accordéon.*
La *serinette.*

À PEAU.

La ou les *timballes.*
Le *tambour de basque.*
Le *tambourin.*
La *caisse roulante* (ou tambour de musique militaire).
Le *tambour* (ou caisse de régiment).
La *grosse caisse.*
La *grosse caisse* (imitant le bruit du canon).

DE HAUT BRUIT.

Les *cimballes.*
Le *triangle.*
La *grosse caisse.*
Le *pavillon chinois.*
Les *cloches* ajustées.
La *cloche* (à marquer les heures).
La *cloche* (pour sonner le tocsin, etc.).
Le *tam-tam.*
Castagnettes.
Diapason.

(3) Cela veut dire que sept voix, ou sept instruments, exécutant chacun une de ces sept valeurs, ils doivent commencer et finir en même temps, parce que toutes ces divisions doivent être strictement renfermées dans la valeur de la ronde. Supposons, par exemple, que cette valeur soit de la durée de 64 secondes, chacune des deux blanches, qui forment la première division, devra durer 32 secondes; chaque noire en durera 16; chaque croche en durera 8; chaque double-croche 4; chaque triple-croche 2, et enfin chaque quadruple-croche une seule. Il en est de même pour les autres divisions de la ronde.

(4) Quelques compositeurs indiquent la mesure à quatre temps par un 4 simplement; leur opinion est qu'il n'y a pas plus de motif pour marquer la mesure à quatre temps par un C, que la mesure à deux temps par un A, et la mesure à trois temps par un B. Ils regardent comme également inutile le C barré pour la mesure à deux temps, qui se remplit par une ronde comme celle marquée par un 2, et aussi le 2 de la mesure à trois temps, qui se remplit par une blanche pointée, ainsi que celle qui n'est marquée que par un trois. J'ai dû noter ces diverses manières pour l'intelligence des morceaux qui pourraient offrir ces désignations que le temps se chargera d'adopter ou de repousser définitivement.

(5) Il y a plusieurs acceptions applicables au mot *ton.* Il y a le ton diatonique, le ton harmonique, et les tons qui procèdent entre eux de l'un à l'autre par la voie du genre diatonique et de la relation. Le ton diatonique est l'intervalle qu'il y a entre deux degrés conjoints, comme *ut* et *ré, ré* et *mi, fa* et *sol, sol* et *la, la* et *si;* le ton harmonique est le produit d'un accord parfait quelconque. Ainsi, par exemple, l'accord *ut, mi, sol,* et est l'accord parfait du *ton* d'*ut.* Vous êtes dans le *ton* d'*ut* par la gamme d'*ut,* vous y êtes davantage, ou d'une manière plus sensible, par l'accord parfait du *ton* d'*ut;* et, enfin, ce *ton* est établi définitivement par la *cadence* ou mouvement harmonique de la basse : *ut, sol, ut,* qui fixe l'oreille dans cette position. Cette règle est la même pour tous les autres tons.

À l'égard des tons qui procèdent entre eux par la voie du genre diatonique, toutes les fois qu'en passant d'un accord parfait dans un autre, vous pouvez conserver, dans ce second accord, l'une des notes composant le précédent, il y a *relation,* comme de l'accord parfait d'*ut* à celui de *fa,* ou à celui de *sol,* ou à celui de *mi,* ou à celui de *fa;* conséquemment, vous modulez *diatoniquement* en passant d'un ton dans un autre ton, sans préparation, et par la seule puissance de la *relation.*

(6) Quand on a été long-temps éloigné du ton primitif d'un morceau, il est assez d'usage de replacer devant les notes les signes de la clef que l'on pourrait avoir oubliés; ce n'est point une règle, c'est ce que l'on appelle les dièses, ou les bémols, ou les bécarres *de précaution.*

(7) La sixte, dite *mineure,* appartient au mode *majeur;* la sixte, dite *majeure,* appartient au mode *mineur;* l'oreille ne peut s'y méprendre. C'est une singularité que je ne viens point censurer; je me borne à la signaler; l'usage l'a décidé ainsi.

(8) Il y a, comme je l'ai dit, plusieurs manières de reconnaître le ton dans lequel on est; j'en ai expliqué trois. On peut ajouter quelques instructions à la troisième afin de faciliter autant que possible cette opération. Lorsque la mémoire ne vient point en aide, il faut partir d'*ut,* le premier de tous les tons majeurs, et compter par quintes en montant pour trouver les tons avec les dièses; par exemple : lorsqu'il n'y a rien à la clef, on est en *ut* majeur. Quand il y a un dièse? Compter diatoniquement, et dites : *ut, ré, mi, fa, sol,* on est en *sol* majeur. Quand il y a deux dièses? Comptez de même, et dites : *sol, la, si, ut, ré,* on est en *ré* majeur. Quand il y a trois dièses? Comptez de même, et

dites : ré, mi, fa, sol, la, on est en fa majeur ; et ainsi de suite jusqu'au dernier dièse.

Pour trouver les tons avec les bémols, le moyen est le même en sens inverse. Partez d'ut et comptez par quintes en descendant ; par exemple : lorsqu'il y a un bémol à la clef ? Comptez diatoniquement, et dites : ut, si, la, sol, fa, on est en fa majeur. Quand il y a deux bémols ? Comptez de même, et dites : fa, mi, ré, ut, si, on est en si♭ majeur. Quand il y a trois bémols ? Comptez de même, et dites : si, la, sol, fa, mi, on est en mi♭ majeur ; et ainsi de suite jusqu'au dernier bémol.

Le relatif mineur, soit avec les dièses, soit avec les bémols, est toujours une *tierce au-dessous* du ton majeur.

On s'est plu quelquefois à embarrasser les élèves en leur demandant dans quel ton ils étaient avec un nombre exorbitant de dièses ou de bémols. Voici, je crois, comment il faut raisonner : il n'y a que sept dièses et sept bémols réels ; tous les nombres supérieurs que l'on me propose ne sont que des pièges tendus à mon inexpérience ; on me demande dans quel ton je suis avec trente-huit dièses ? je dis : en 38 il y a cinq fois 7 qui font 35, que je supprime comme non existants ; de 38 ôtez 35 reste trois, avec lesquels je suis en la majeur, ou en fa♯ mineur. Ce raisonnement est applicable aux bémols comme aux dièses, et à tous les nombres qui dépassent celui de sept ; en 8, retranchez 7, il reste 1 ; en 15, retranchez 14, il reste 2 ; en 21, retranchez tout, vous êtes en ut naturel, ou bien n'en retrancher que 14, vous serez en ut♭ majeur ; en 25, retranchez 21, reste 4, etc.

(9) Il serait facile de dissiper tous les doutes à cet égard ; il suffirait d'avoir le soin d'écrire, dans tous les modes mineurs, la note sensible avant la clef ; il serait à souhaiter que l'on adoptât ce moyen aussi simple que positif, que nul autre ne remplace d'une manière suffisante, et dont j'offre ici l'exemple.

Modes mineurs avec des dièses.

Modes mineurs avec des bémols.

(10) La position des toniques dans les deux modes avec des dièses est conforme à ce qui a été dit. Ces toniques sont moins exactement placées dans les deux modes avec des bémols, parce qu'on a voulu éviter l'emploi des lignes additionnelles et se renfermer dans la portée. Toutefois, cette modification ne doit porter aucun préjudice à la règle qui dit : quatre degrés au-dessus dans les modes majeurs, six degrés au-dessous dans les modes mineurs. La transposition est motivée comme il est dit ci-dessus, et n'apporte à la règle aucune altération.

(11) Je soumets ici un doute : on ne peut apprendre à solfier seul ; il faut qu'un guide intelligent, patient, doué d'une organisation fine, sûre, d'une intonation juste, aidé d'un instrument *parfaitement* d'accord, pose la voix de l'élève, la *soutienne* et la conduise long-temps pour la former ainsi que l'oreille. L'instrument le plus propre à cet usage est, je crois, le violon, qui réunit à l'immense avantage de produire des sons soutenus à volonté, celui de pouvoir les rendre d'une extrême justesse. Le piano, dont on se sert pour cet usage, me semble au contraire avoir le double inconvénient de ne pouvoir soutenir aucun son, et de ne donner qu'une justesse moyenne. En effet, si l'on accorde un piano par octaves du bas en haut, et que l'on frappe en même temps l'extrême grave et l'extrême aigu, *fa* d'en bas, et *fa* d'en haut, par exemple, on sera fort surpris de trouver environ un ton et demi de différence, qu'il faut faire rentrer dans l'intérieur par dégradation, afin d'obtenir une justesse proportionnelle dont l'accordeur est le seul juge. D'où naît cette différence ? je l'ignore. Toutefois, cette condition inévitable du piano me semble devoir rendre cet instrument peu propre à former une bonne intonation.

(12) Cette imperfection met l'oreille de l'auditeur en souffrance sans qu'il puisse en saisir la véritable cause. Les Allemands (ceux qui ont le malheur de jouer faux) jouent ou chantent faux trop haut ; les Italiens (ceux dont l'intonation laisse à désirer) chantent ou jouent faux trop bas ; en France, on fausse alternativement trop haut ou trop bas. Ces

différences, que j'ai fréquemment observées, tiennent à un ordre d'observations qui ne sont point de mon ressort. On ne saurait les attribuer à la diversité des écoles (allemande, italienne, française), dont l'une des divergences la plus remarquable tient à la manière de faire la gamme mineure en montant et en descendant. L'école française hausse le sixième degré en montant pour faire disparaître l'intervalle d'un ton et demi qui existerait entre ce degré et le septième, intervalle dur et difficile à entonner juste. Elle supprime les signes d'altération au septième et au sixième degré de la gamme mineure descendante pour la rendre plus douce.

Comme l'une des principales conditions de la musique est de plaire à l'oreille, c'est ici le cas de remarquer, à l'égard des petites notes d'agrément, de celles en particulier que l'on nomme *appoggiature*, que, bien qu'elles ne comptent point dans l'harmonie, il faut soigneusement éviter de faire entendre à la fois la note suspendue et la suspension, ce qui est du plus détestable effet.

(13) Le métronome est haut d'un pied environ, de forme pyramidale ; il renferme à sa base un mouvement qui se monte comme une pendule ; à ce mouvement est adapté une tige verticale d'acier passant au travers d'un poids en cuivre que l'on peut hausser ou baisser à volonté, et fixer en face de chacun des chiffres inscrits sur le fond de la caisse devant lequel cette tige d'acier, mise en mouvement par le ressort d'en bas, s'agite incessamment de gauche à droite, suivant le degré de vitesse que lui imprime le poids. Plus on élève ce poids, plus le mouvement se ralentit ; plus on le rapproche de la base, plus il acquiert de vitesse. Au moyen des lignes et des chiffres inscrits sur le fond également vertical dont j'ai parlé, on peut indiquer d'une manière fixe, invariable, toutes les nuances appréciables de mouvement, et les transmettre en tout pays sans altération, au moyen d'un chiffre correspondant et d'une note mis en tête de chaque morceau. Ce régulateur rend un véritable service aux compositeurs en leur fournissant le moyen de faire connaître d'une manière précise et permanente les mouvements de leurs compositions.

On peut aussi user du métronome pour régulariser la mesure dans le travail d'un élève ; mais il faut, je crois, éviter l'usage trop prolongé de ce guide impassible qui pourrait lui faire contracter une espèce de manière mécanique d'exécuter dont la froideur, la monotonie, ne seraient point compensées par une régularité raide, affectée, sans âme, qui glacerait les auditeurs.

(14) Je crois que tous les termes italiens usités en musique pourraient facilement être remplacés par des termes français également concis et plus aisément compris. J'en donne néanmoins la nomenclature pour me conformer à l'usage. À l'égard des mouvements, il y en a trois principaux : le *lent*, le *moyen*, et le *vite*. Chacun de ces mouvements se subdivise en plusieurs nuances qui dépendent du compositeur, et dont le métronome seul peut donner une appréciation exacte. Les italiens ont suppléé à ce moyen moderne par des additions, des diminutifs, dont je donne ici la liste aussi exacte qu'il m'a été possible de le faire.

(15) Ce mot vient sans nul doute de *andare*, aller, dont le gérondif fait *andando*, allant ; le participe *andato*, allé. J.-J. Rousseau dit que c'est un adjectif pris substantivement ; j'ai vainement cherché une explication satisfaisante sur ce mot ; c'est ma faute probablement. Néanmoins, de quelque temps de verbe qu'il vienne, toujours est-il que *aller* signifie difficilement *lent*.

(16) J'ai expliqué, page 7, les abréviations relatives aux pauses à compter, et successivement toutes celles qui sont usitées en musique parmi les indications italiennes. Il reste à avertir sur celles dont on fait usage dans la manière d'écrire les notes.

Ces exemples numérotés ne sont pas les seuls que j'aurais pu réunir ici ; mais j'espère qu'ils suffiront pour faire deviner ceux que j'ai omis de transcrire. Le N° 1 vous donne quatre croches et une blanche, sur la queue de laquelle est un chevron qui vous indique qu'il faut articuler quatre croches semblables aux quatre précédentes. Le N° 2 vous donne quatre croches et un chevron, indiquant quatre croches pareilles aux précédentes.

Le N° 3 présente un chevron au-dessus de la ronde; ce chevron indique huit croches pour la ronde.

Le N° 4. Chaque chevron sur une blanche indique quatre croches.

Le N° 5 présente quatre doubles-croches, un double chevron valant quatre doubles.

Le N° 6. Triple chevron indiquant trente-deux triples-croches pour la ronde.

N° 7. Double chevron; seize doubles croches pour la ronde.

N° 8. Un demi-soupir, trois croches, un demi-soupir, un chevron indiquant trois autres croches.

N° 9. Un demi-soupir, trois croches, un demi-soupir, une noire pointée avec un chevron indiquant trois croches.

N° 10. Quatre doubles-croches; double chevron sur une noire pour quatre autres doubles croches; double chevron sur une blanche pour huit doubles-croches.

N° 11. Double chevron pour trois doubles-croches.

N° 12. Simple chevron sur la blanche pointée pour six croches; double chevron pour douze doubles-croches.

(17) Il faut bien se garder de confondre le contre-temps, contre-temps, avec le contra-punto, contrepoint, comme le font beaucoup de personnes. Contre-temps signifie que la basse marque sous les temps forts de la mesure, tandis que les autres parties accompagnantes ne marquent que les temps faibles. Le contre-point n'a rien de relatif à ceci.

(18) Une cantate est une scène détachée composée de plusieurs morceaux de différents mouvements, composant un tout régulier semblable, en diminutif, à un acte d'opéra.

(19) Quelques personnes disent un *final*; d'autres disent la *finale*. La question reste indécise. Toutefois *finale*, en italien, est masculin.

(20) *Tasto solo* (touche seule) est le nom que l'on donne aux grosses touches placées sous les buffets d'orgues, et sur lesquelles on pose les pieds pour obtenir ces sons graves et formidables qui remplissent nos vastes édifices religieux. On appelle en général *tasto solo* ou *pédale* tout son prolongé par la basse, à la tonique ou à la dominante, sur lequel on fait passer diverses harmonies dans lesquelles, toutefois, la note sur laquelle pose l'édifice doit se retrouver fréquemment. Il y a aussi des pédales inférieures et de supérieures.

(21) Je crois avoir rempli les conditions de la tâche que je m'étais imposée, savoir: de mettre à la portée de tous les principes d'un art généralement cultivé; principes qu'il n'est pas permis d'ignorer, et qui ne paraissent pas avoir été jusqu'à ce jour convenablement et suffisamment développés.

Ayant écrit pour ceux qui ont besoin de leçons, non pour ceux qui en donnent, j'ai dû entrer sur tous les points dans des détails étendus pour les rendre compréhensibles.

J'ai soigneusement évité de m'avancer sur le domaine de l'harmonie ou de la composition; je me suis scrupuleusement renfermé dans la partie élémentaire de la musique proprement dite. Si je l'ai fait avec clarté, si mon travail peut devenir utile, s'il comble une lacune fâcheuse dans l'enseignement, j'aurai satisfait à l'un de mes plus vifs désirs.

FIN

TABLE

DES CHAPITRES CONTENUS DANS CET OUVRAGE.

FIN DE LA TABLE DES MATIÈRES

SOLFÈGE

avec accompagnement de Piano,

On recueil de 68 Exercices propres à préparer la voix, à former l'oreille et à régulariser l'intonation. Lorsque l'on aura suffisamment pratiqué ce Solfège, on pourra se livrer à l'étude de tous ceux qui se trouveront en rapport avec l'âge, et les moyens naturels de la voix, qu'il faut bien se garder de fatiguer par une culture prématurée et un travail trop pénible.

Je crois utile, pour les personnes peu versées dans la connaissance de l'harmonie, de les prévenir que les chiffres placés sur la basse sont les signes indicatifs des notes dont se composent les accords qui servent d'accompagnement au chant.

Gamme d'une octave entière en rondes, mesure à deux temps.

Nº 1.
CHANT.
PIANO.

Gamme d'une neuvième.

Nº 2.
CHANT.
PIANO.

N.º 3.
CHANT.
Gamme d'une dixième.
PIANO.
N.º 4.
CHANT.
Gamme d'une onzième.
PIANO.
N.º 5.
CHANT.
Gamme d'une douzième. Etendue naturelle de la voix humaine.
PIANO.

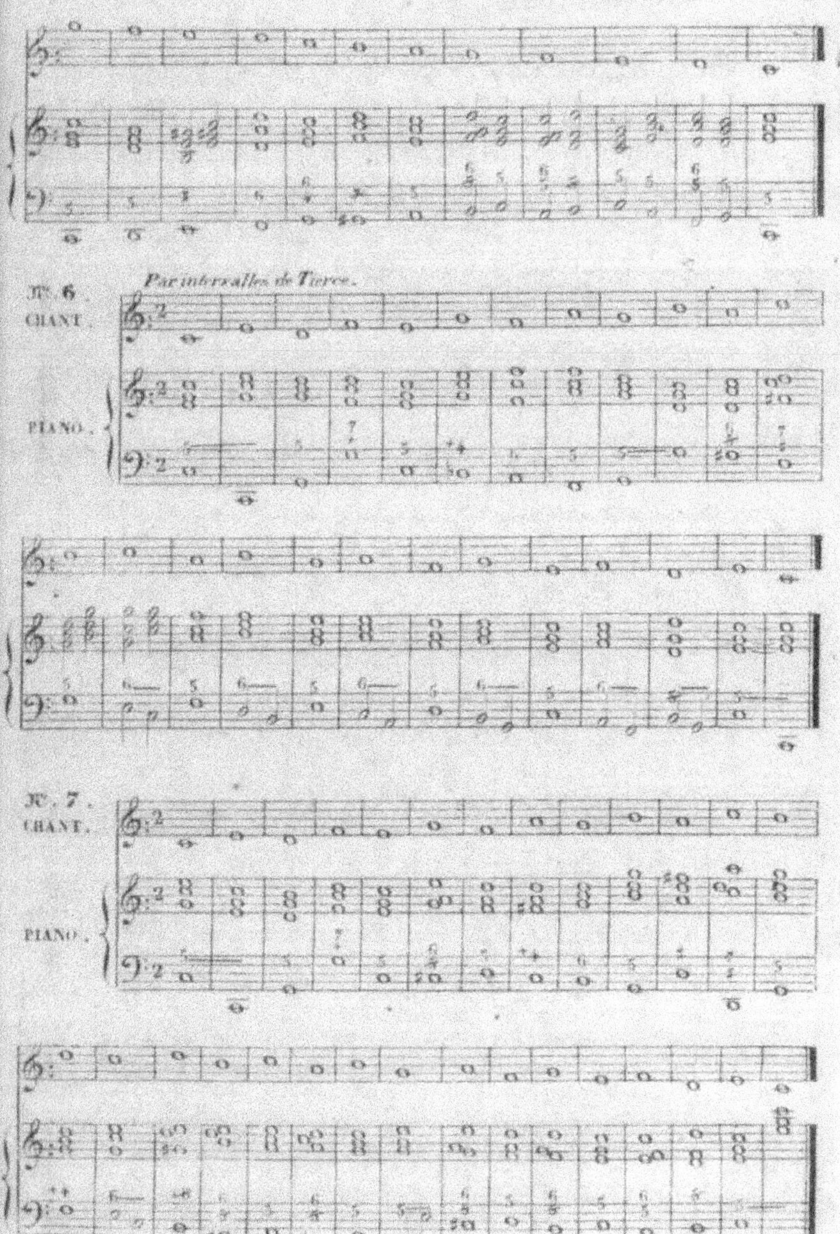
Par intervalles de Tierce.
Nº 6.
CHANT.
PIANO.
Nº 7.
CHANT.
PIANO.

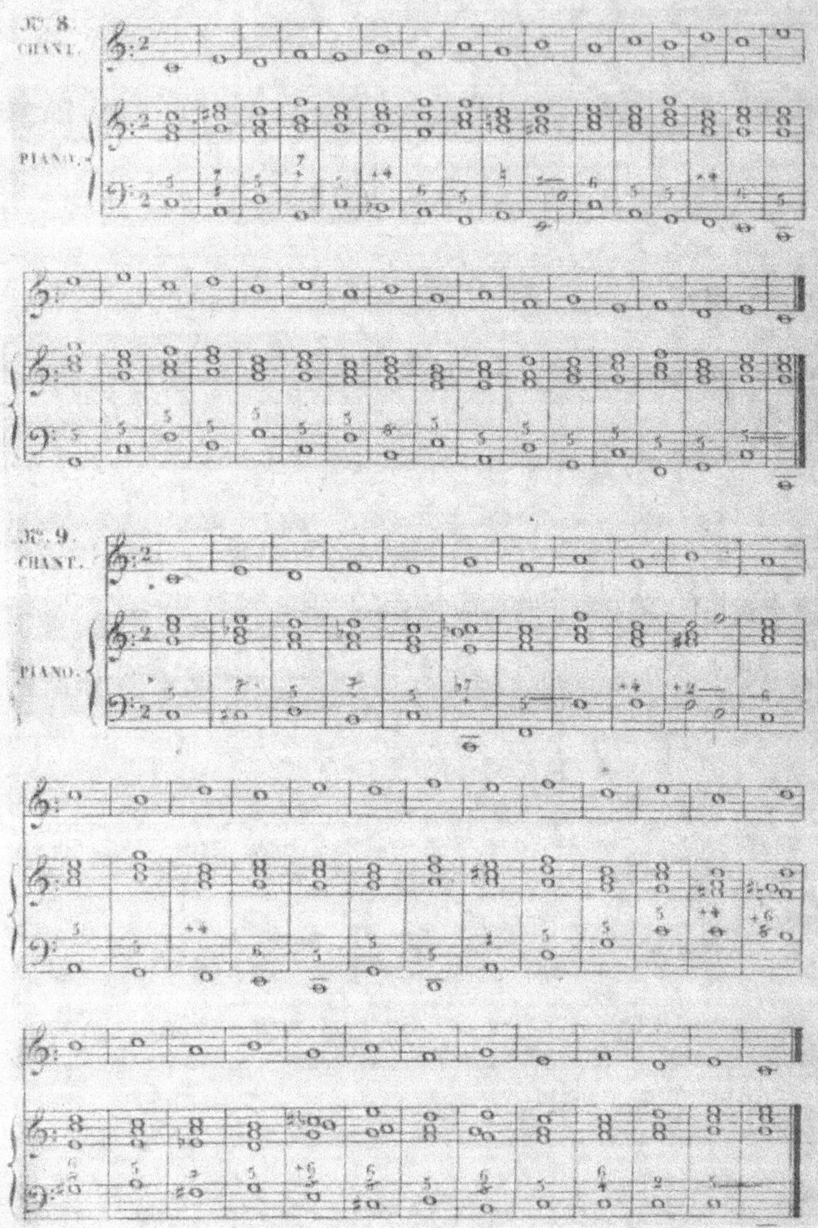

N.º 8.
CHANT.
PIANO.
N.º 9.
CHANT.
PIANO.

Nº 10.
CHANT.
PIANO.
Par intervalles de Quarte.
Nº 11.
CHANT.
PIANO.

N.º 12.

CHANT.

PIANO.

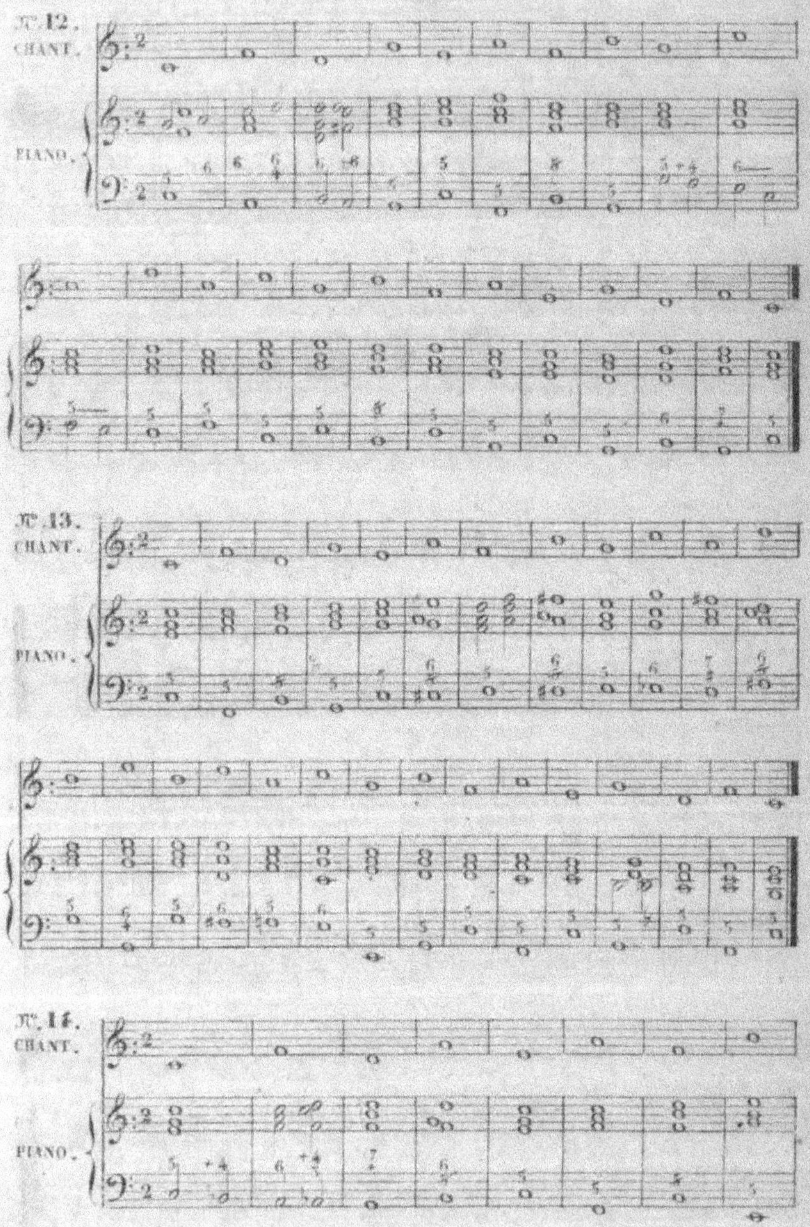

N.º 13.

CHANT.

PIANO.

N.º 14.

CHANT.

PIANO.

N°. 15
CHANT.
PIANO.

N.º 16.
Par intervalles de Quinte.
CHANT.
PIANO.
N.º 17.
CHANT.
PIANO.
N.º 18.
CHANT.
PIANO.

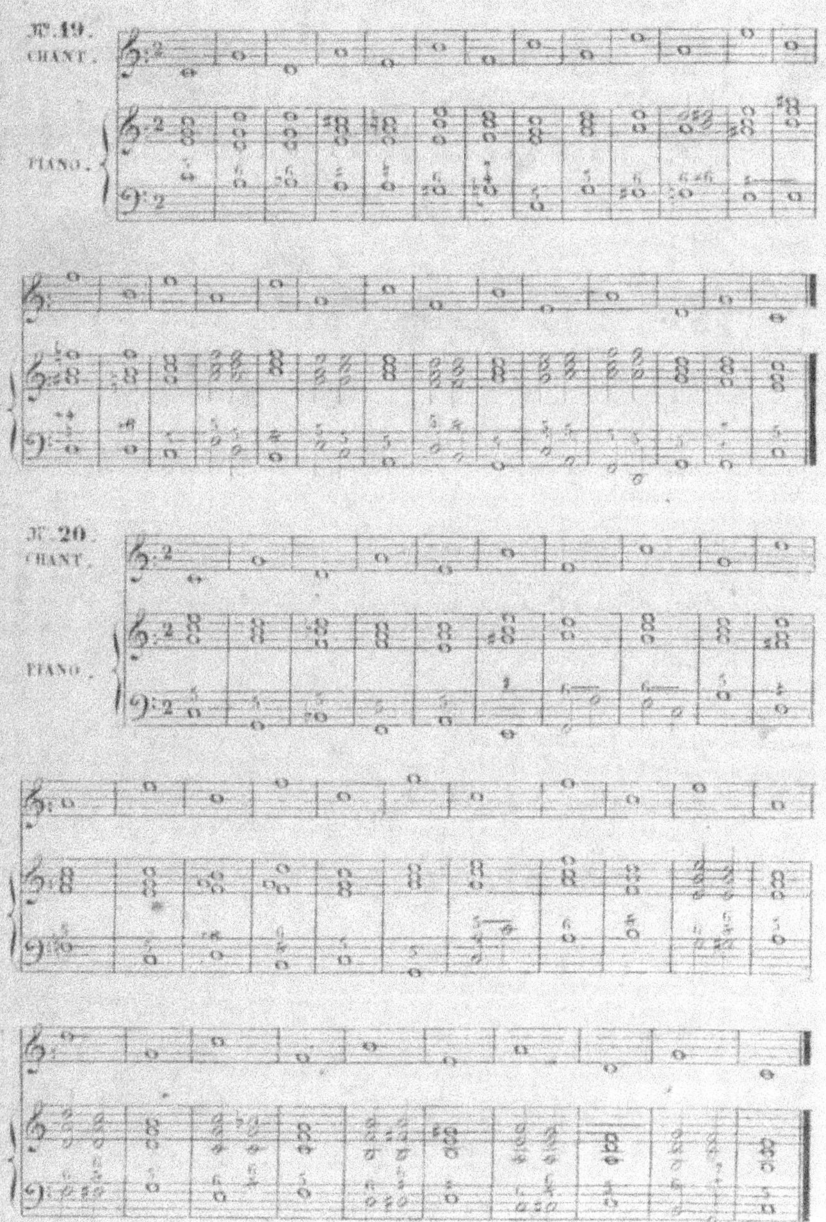

N.º 19.
CHANT.
PIANO.
N.º 20.
CHANT.
PIANO.

N.° 21.
CHANT.
PIANO.
Par intervalles de Sixte.
N.° 22.
CHANT.
PIANO.
N.° 23.
CHANT.
PIANO.
N.° 24.
CHANT.
PIANO.
Par intervalles de Sixte.

N° 25.
CHANT.
PIANO.
Par intervalles de Septième.
N° 26.
CHANT.
PIANO.

N° 27.
CHANT.
PIANO.
N° 28
CHANT
PIANO.
N° 29
CHANT
PIANO.

N° 30.
CHANT.
PIANO.
Pédale jusqu'à la banque.
Par intervalles d'Octaves.
N° 31.
CHANT.
PIANO.

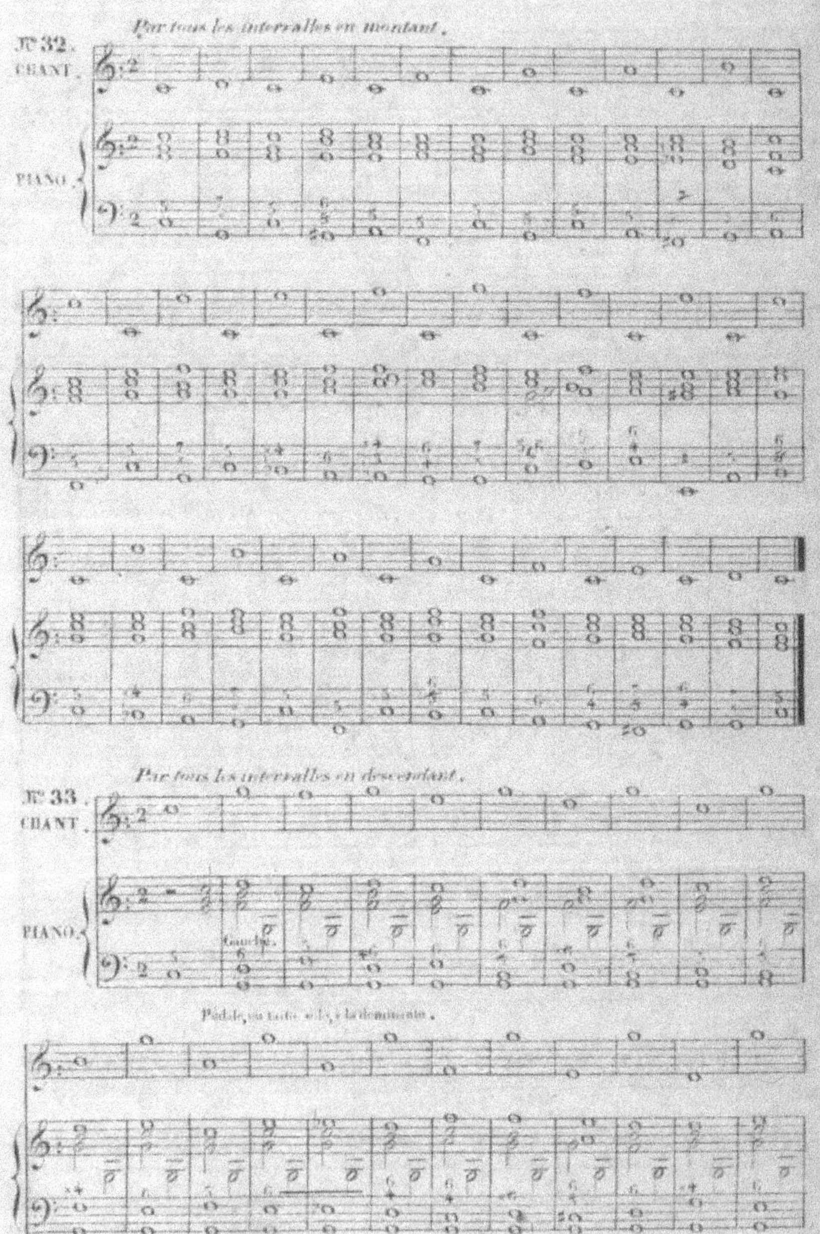
No 32.
CHANT.
PIANO.
Par tous les intervalles en montant.
Par tous les intervalles en descendant.
No 33.
CHANT.
PIANO.
Pédale, ou toute autre à la dominante.

Quelques exercices pour familiariser avec les différentes valeurs
les modes les tons les mesures les silences.
N° 34.
CHANT.
Mode majeur cette mesure se remplit et se bat comme la mesure à 2 temps
PIANO.
Ton d'UT naturel.
marqué par un 2.

Mode mineur.
N° 35.
CHANT.
Ton de LA naturel.
PIANO.
Mode majeur.
N° 36.
CHANT.
Ton de SOL naturel.
PIANO.

N.º 37.
CHANT.
PIANO.
Mode mineur.
Ton de MI naturel.

N.º 38.
CHANT.

PIANO.

Mode majeur.

Ton de RÉ naturel.

Mode mineur.
N°. 39.
CHANT.
Ton de si naturel.
PIANO.

N.° 50.
CHANT.
PIANO.
Mode majeur.
Ton de LA naturel.
N.° 51.
CHANT.
PIANO.
Mode mineur.
Ton de FA dièze.

N° 42.
CHANT.
PIANO.
Mode majeur.
Ton de MI naturel.

N.º 43.
CHANT.
Mode mineur.
PIANO.
Ton de ut dièze.
N.º 44.
CHANT.
Mode majeur.
PIANO.
Ton de si naturel.

Mode mineur.
N.º 45.
CHANT.
Ton de sol dièze.
PIANO.

Mode majeur.
N.° 46.
CHANT.
PIANO.
Ton de FA naturel, mesure à quatre tems.

N.º 47
CHANT.
PIANO.
Mode mineur.
Ton de Si mineur.

Mode majeur.
N.º 18.
CHANT.
Ton de si bémol, mesure à trois temps, ou trois-quatre.
PIANO.
N.º 19.
CHANT.
Mode mineur.
Ton de sol natur. l'emploi du point d'orgue ou repos à volonté.
PIANO.

27
N.º 59.
Mode majeur.
CHANT.
PIANO.
Ton de Mi bémol.Lamesure à trois tems ou à trois huit.

N.º 31.
CHANT.
Mode mineur.
PIANO.
Ton d'Ut.
N.º 32.
CHANT.
Mode majeur.
PIANO
Ton de la hémol. mesure à six huit ou à deux tems.

N.° 53.
CHANT.
Mode mineur.
PIANO.
Ton de FA naturel

* Le 3 placé ici indique des *trois-pour-deux*, vulgairement appelés *triolets*. Ce signe
est consacré pour toutes les valeurs des notes.

N.º 55.
CHANT.
Mode mineur
PIANO.
Ton de si bémol

Les deux dérniers tons avec six et sept dièzes les deux derniers tons avec six et sept bémols ainsi que leurs relatifs mineurs n'étant que peu ou point usités je me suis abs- tenu de les reproduire dans ces exercices.

N. 56.
CHANT
PIANO.
Mesure à quatre temps une noire pour chaque temps.

N° 57.
CHANT.
PIANO.
Mesure à deux temps, ou à deux quatre, une noire pour chaque temps.

Nᵒ 58.
CHANT.
PIANO.
Mesure à quatre temps-deux croches, ou une noire pour chaque temps.

Dans les mouvements lents ou modérés, cette mesure peut aussi se battre
à quatre temps; alors chaque croche est un temps, et chaque noire une demi mesure.

N.° 59.
CHANT.

Mesure à deux quatre, ou à deux temps, deux croches pour chaque temps.

PIANO.

Nº. 60.
CHANT.
PIANO.
Emploi de la syncope sur les différentes valeurs de notes.

N° 61.
CHANT.
PIANO.
Emploi de la syncope dans la mesure à trois temps.

N.º 62.
CHANT.
PIANO.
Emploi du point après les différentes valeurs de notes.

N°63.
CHANT.
PIANO.
Emploi des silences representant les diverses valeurs de notes.

Nº 64.
CHANT.
PIANO.
Mesure composée à trois deux ou à trois temps peu usitée.

N.º 65.
CHANT.
PIANO.
Mesure composée à neuf-quatre, ou à trois temps, peu usitée.

N.º 66.
CHANT.
PIANO.
Mesure composée à six quatre, ou à deux temps, peu usitée.

Nᵒ 67.
CHANT.
PIANO.
Mesure à neuf-huit, ou à trois temps-peu usitée.

N°.68.
CHANT.
PIANO.
Leçon pour exercer sur les contre temps.